心一堂術數古籍珍本叢刊

書名：增補高島易斷（原版）附虛白廬藏日本古易占五種（八）
系列：心一堂術數古籍珍本叢刊　占筮類　第三輯　250
作者：【日本】高島吞象 等、【清】王治本中譯
主編、責任編輯：陳劍聰
心一堂術數古籍珍本叢刊編校小組：陳劍聰　素聞　鄒偉才　虛白盧主　丁鑫華

出版：心一堂有限公司
通訊地址：香港九龍旺角彌敦道六一〇號荷李活商業中心十八樓〇五—〇六室
深港讀者服務中心：中國深圳市羅湖區立新路六號羅湖商業大厦負一層〇〇八室
電話號碼：(852)9027-7110
網址：publish.sunyata.cc
電郵：sunyatabook@gmail.com
網店：http://book.sunyata.cc
淘寶店地址：https://sunyata.taobao.com
微店地址：https://weidian.com/s/1212826297
臉書：https://www.facebook.com/sunyatabook
讀者論壇：http://bbs.sunyata.cc/

版次：二零二一年五月初版
平裝：八冊不分售

定價：港幣　一仟六百八十元正
　　　新台幣　六仟九百八十元正

國際書號：ISBN 978-988-8583-91-1

香港發行：香港聯合書刊物流有限公司
地址：香港新界荃灣德士古道二二〇—二四八號荃灣工業中心十六樓
電話號碼：(852)2150-2100
傳真號碼：(852)2407-3062
電郵：info@suplogistics.com.hk
網址：http://www.suplogistics.com.hk

台灣發行：秀威資訊科技股份有限公司
地址：台灣台北市內湖區瑞光路七十六巷六十五號一樓
電話號碼：+886-2-2796-3638
傳真號碼：+886-2-2796-1377
網絡書店：www.bodbooks.com.tw
台灣秀威書店讀者服務中心：
地址：台灣台北市中山區松江路二〇九號一樓
電話號碼：+886-2-2518-0207
傳真號碼：+886-2-2518-0778
網絡書店：http://www.govbooks.com.tw

中國大陸發行　零售：深圳心一堂文化傳播有限公司
深圳地址：深圳市羅湖區立新路六號羅湖商業大厦負一層〇〇八室
電話號碼：(86)0755-82224934

心一堂微店二維碼

心一堂淘寶店二維碼

柄澤照覺著作
柳田幾作校閲

醫道活斷

周易占病秘傳

東京　神誠館藏版

叙

易曰。貞疾恒不死。又曰。无妄之疾。勿藥有喜。又曰。損其疾。使遄有喜。易之言疾如此。蓋伏羲氏。仰觀俯察。始作八卦。神農氏。嘗百藥而制本草。軒轅氏。論疾苦而成素問。易之道。固不可與醫藥相離也。雖然占病之要。論五行之順逆。探運氣之變化。其道奥妙。自非留心刻意。不得達玄機。故古來占病之書。大概臆測推斷。訣先聖之旨。失爻象之理者不少。終使患者無愈。占者陷于誤人之罪。余從事于占筮者多年。竊有慨於此。乃不自揆。錄其所信。以成此編。故文無潤飾。取其易曉。非敢沽名求譽。聊供濟世之一助耳。但然疾病之占。人命所關。其事至重。子曰。神而明之。存乎其人。學者其可不用心乎。是爲序。

明治四十三年十一月　　柄澤照覺識

周易占病秘傳

目次

周易占病秘傳　目次終

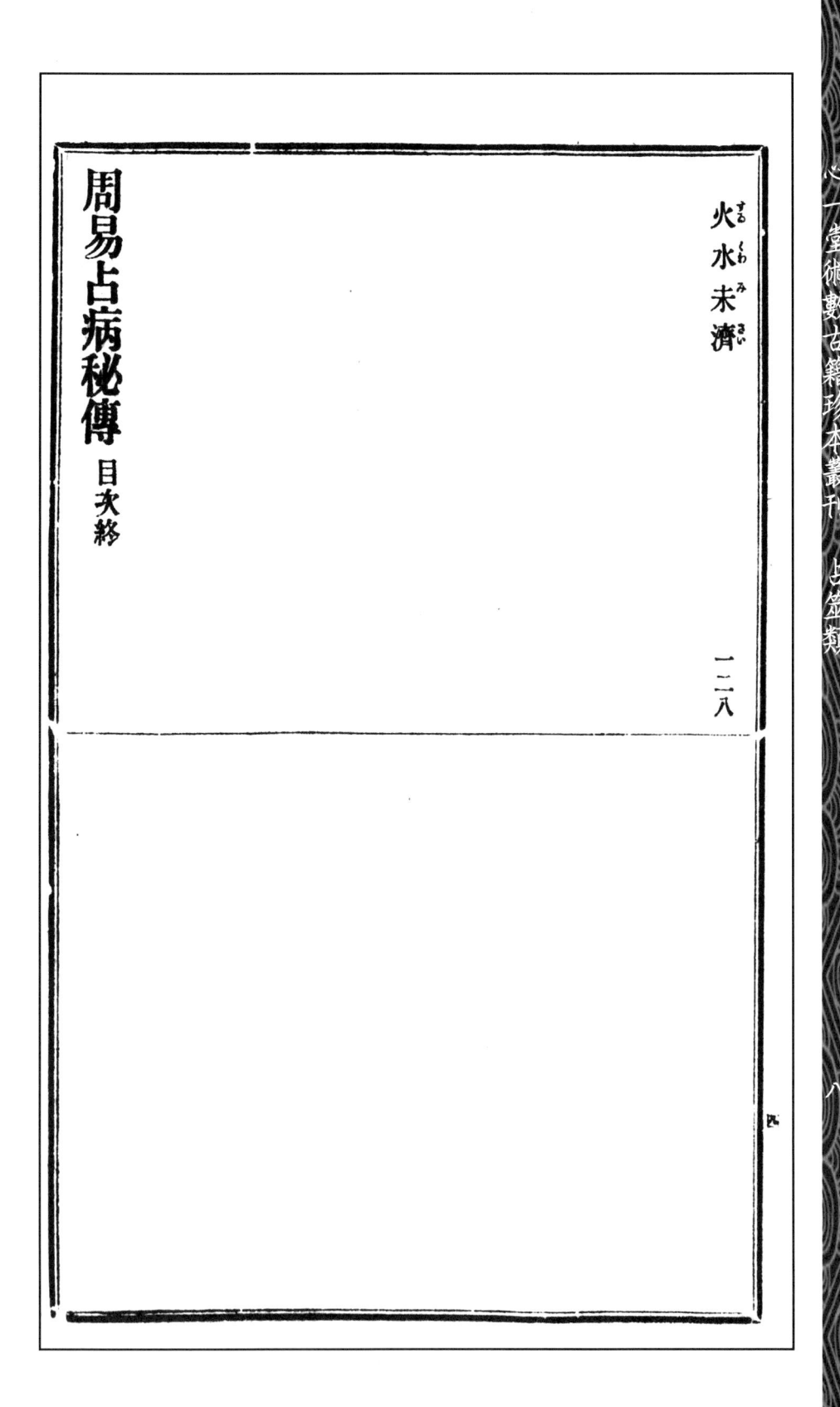

醫道活斷　周易占病秘傳

柄澤照覺著

緒言

凡そ疾病を占ふことたるや各人性命の繫る所にして占者の責亦大なりと謂ふべし然るに古來占病の事を記するの書を見るに甲是乙非讀む者をして適從する所を知らざらしむ加之或は鬼神の祟咎と稱し或は妖魅の蠱惑に託し遂に卦爻の象義を失ひ聖人人をして凶を避け吉に趨かしむるの旨に違ふもの多し余此に慨あり竊に自ら揆らず六十四卦三百八十四爻の象義に照し其病候を考へて之を其下に略説し聊か醫易の一助に供せんとす但患者に老幼男女の別あり性質に强弱の差あり氣候に風土の異なるあれば易固より一を執りて拘すべからず讀む者文義に拘泥して守株膠柱の見なく機に臨みて變に應じ活斷を誤ることなくんば則ち何んの幸か之に如かん

☰ 乾爲天

乾金八純　春吉　夏凶
秋平　冬吉

此卦を得るものは陽氣偏に勝ち肝氣常に亢り積氣強く體瘠せ力弱く性急短慮なるに拘はらず多慮多謀を好み頭痛眩暈煩悶氣逆上衝し或は悪心し或は妄食し或は不食し夜る安眠しがたく眠るも夢多く好みて晝寢すべし手足は微冷し易く羸痩は甚だしかるべし或は貧血の症を帶ぶることあり卦爻の變を考へて活斷するを要す重病には不祥の兆なること多し又精氣虚耗の症と見ることあり或は浮腫と見ることあり發狂とも見ることあり小兒は肝積の類或は甘味節に過ぎて發するの疾とす總べて他の卦より變じて來るものは危厲の意あり治方も救急の意あるを要す

○初爻の變　姤　一陰下に萌す腰脚に痛みあり或は瀉痢積聚の類或は卒然として發する疾頭重く臥して起つこと能はず寒熱互に發し又卒中風と爲ることあり但姙婦は出產近きに在り下動きて口を開く象あればなり老人は死に近し○二爻の變　同人　時氣流行の病或は赤疹發斑或は熱壯んにして煩渇し胸脇苦滿飲食味なく大小便利せず婦人は血症現症輕きが如しと雖も漸次大患に至ることあり○三爻の變　履　寒熱

往來し咳嗽吐涎し腰脚冷痛し又は下痢することあり急に藥効を奏せず但姙婦は出産近きに在るべし通常の婦人は夜氣に侵さるゝより疾を發することあり婦人裸體の象あればなり○四爻の變　小畜　寒來るときは被を覆ひて戰慄し熱來るときは忽ち怒るが如く狂ずるが如く直ちに起ちて戶外に出でんとし或は心下苦悶して微痛あり或は腹に積塊あるべし多く心肺にかゝるなり○五爻の變　大有　大に發熱して渴甚だしく穢氣當るべからず面赤く頭痛し大小便秘結し或は鼻衄陽證極るものとす然れども下劑を投ずれば却て內虛の陰に陷るべし危篤の兆とす但良醫に遇ふの喜びあり此人分外の望みを發し苦心焦慮の極七八分は成功して挫折せしより發病するの類多し又吐血するものあり○上爻の變　夬　咳嗽或は嘔吐ありて飲食進まず月を踰へて癒へず危篤に至るものあり本卦の乾は其氣上に衝き昇り漸く天に歸せんとし之卦の夬は決し潰ゆるなり然れば必死の兆たることを免れず但急病に在りては或は吐し或は發汗して治することあり○此卦純陽の卦なれば陽を熱とし陽證の疾皆屬す又乾は始めなれば疾ひの初めと爲すことあり他卦に乾あるときも此意を存すべし

䷁ 坤為地

坤土八純 春吉 夏凶
秋平 冬凶

此卦を得るものは天禀の賦性陰肉偏に勝ちて陽氣薄弱の象とす故に身體重く性質懶惰にして決斷に乏しく事を果たさゞること多し脾虚胃又下利の兆或は黄疸粘血の症とす陽脱虚勞健忘等のものあり危篤の病に此卦を得れば必死の占とす尚卦爻の變に心を留めて活斷すべし例へば老女の疾を占ふが如き坤を以て直ちに老女の體と爲し本卦は無病のものと爲し其變に依りて疾を斷ずるの類是れなり又婦人は氣血衰へ顔色青白長病難治の症なることあり○初爻の變 復 肝氣亢ぶり性急にして身體拘急し少く痛みあるべし又病證一定せず持病發動し輕きが如くなれども早く治せざれば大患に至ることあり春時は最も危し○二爻の變 師 瘡毒殊に楊梅瘡雁來瘡に此爻を得ること多し又大小便澁滯し或は大便に血を帶ぶることあり否れば脾胃の濕熱黄疸の類にして病根下に在り或は脚疾浮腫の兆○三爻の變 謙 心氣欝し項背拘急して痛み甚だしく肩膊及び腰脚牽引或は腫脹し或は痿痺することあり寒熱の往來夕方

より發すべし○四爻の變　豫　心下空虛脾胃虛して動氣あり或は腫物を發することあり　又心氣驚き怖るゝが如く或は沈思し或は大怒し看病人を惱ますこと多し婦人は產後の疾なるべし又は血積血塊大抵血分の患とす但腫物の類此爻を得れば發表して治すべし豫は悅びなり病の反なり故に病ある之を不豫と謂ふ故に吉兆と見るなり○五爻の變　比　頭痛鼻血を出だし或は腹滿小便不利下部虛し氣血調和せず又肩背に癰腫を發することあり又は心神恍惚として危篤に至ることあり然れども速に治を施せば治すべし○上爻の變　剝　譫語妄語嘔逆身體に痛みを覺へ動作に難く時々氣を失ひて又甦り漸々疲勞すべし服藥効を奏せず或は半身不遂の症なることあり或は顏面瘡を生ずる等總べて凶兆とす○又小兒の疾を占ひ之卦に師謙豫比剝等一陽五陰の卦即ち陽衰の卦を得るも妄りに凶兆として驚き補劑等を與へて肥培することあるべからず是れ多くは坤地の脾胃の中に一陽の毒あることを告げたるなれば其一陽爻の上下するは則ち毒ある所の高下を示せるなり故に下劑を與へて脾胃を治し平愈を得ること多し又小兒の病之卦に重坤を得るも一概に凶兆と爲すべからず脾胃を疏通して治すべきことを示さるゝことあればなり

䷂ 水雷屯

坎宮二世　春吉　夏凶
秋吉　冬平

此卦を得るものは肝氣強く亢りて脾胃を尅せしより脾胃を損し水穀の消化其宜きを得ず飲食の毒脾胃の中に生じ爲めに種々の苦痛を受くるものとす故に胸鬲肩背拘攣して疼痛を感じ又は悪心煩悶することあり喜怒常なく飢飽も亦常なく心下痞硬の症多し留飲胸鬲よりして肩背に衝くべし滞食して苦痛する象あり婦人は經水不順又毒瘡血膿の災所々に屯し腫物を發するの象とす水木相生の卦なれども木の上に水あり木は水の爲めに浸されて朽つるの象故に吉ご爲しがたし又水下の雷は死地に居るの象なれは其命危しと見ることあり夏時は雨濕或は夜陰の濕氣に侵され冬は寒冷に感じて得る病とすることあり變爻に就きて活斷すべし○初爻の變　比　脾胃和せすして兩便澁滞し又濕氣を兼ぬるが故に下部に痛痒等の處あるべし又脚氣轉筋の如く心悸して安からず○二爻の變　節　痰喘急迫及び骨節疼痛あり震變じて兌と爲るを見れば食毒兌の留飲と爲り震の肝經に纏ひつきたるなり故に胸腹肩背の痛み強かるべ

し秋は重く急症は庚辛又申酉の日危し〇三爻の變　旣濟　時々發熱ありて氣虛に屬する症或は四肢酸痛怒氣劇しく性急にして大便秘結し重症に至ることあり或は吐血下血の患ひあり〇四爻の變　隨　腹脹ありて時々拘急し痛むことあり又痰飲を交へて輕からず又は上衝して耳鳴り鼻傷み面部に浮腫あり時に狂亂奔走笑語節を失ふものあり危しと雖も良醫を得れば治することあり但秋時に在りては大抵凶兆とす〇五爻の變　復　盜汗出てゝ惡寒し頭重く眼暗く時々眩暈し意氣暢びず淚出て危厲の兆あり又舊患再發の症と見ることあり然れども大汗を發して治することあり良藥を求むべし〇上爻の變　益　毒瘡膿血の類又は吐瀉することあり頭痛腰足の惱みあり轉地又は醫を易へて治すべし婦人は產後瘀血の滯りあるべし之卦に就きて考ふれば元來平日多病の人にして常に積氣の難み强かるべし其故は震と巽との二肝木を以て脾土を尅するを以て脾胃の中に熱を蓄へ口中常に腫れ痛むことあるべし故に治方は脾胃の濕熱を消除することを主とすべし又益の卦たる山雷頤の體中に一陽爻來りて種々の變病を爲せる意あり患者平日の容體と病因とを聽取して判定するを要す

䷃ 山水蒙

離宮四世　春凶　夏平
秋不利　冬口舌

此卦を得るものは第一脾と腎との二臓に虚損あることを心に留め然る後に其變を見て判定するを要す固より脾と腎水に虧折あるときは肝木必ず其肥培と滋潤との養育を失ふより欝滞して其氣亢り行き種々の徴候を發するものなり而して後には虚勞の症ともなることあり骨蒸に似たるの象あり又は發狂亂心の象あり癌腫を發することあり疝毒にて腰脚攣急疼痛することあり心氣虚耗して昏愚と爲ることあり總べて胸腹に熱を蓄へ飲食進まず但外來病なれば伏暑中寒瘟疫の初期と見ることあり此くの如きは速に治するを要す○初爻の變　損　陰症にして頭重く臥して起つこと能はず或は小便不利腹痛あるべし又咳嗽嘔吐して服藥効を奏せず○二爻の變　剝　小腹不仁にして上焦下枯瀉痢の類兩脚浮腫し起つこと能はず至て凶兆とす元來蒙の卦泉水の山より流れ出づる象にして既に泄氣の義たれば氣力の弱きこと知るべし而して坎を疾とす今坎の主畫消へて坤の土と爲る必死の兆と見るの理あり内卦にても外卦に

ても其三畫卦の主爻變ずるときは殊に心を留むべし○三爻の變　蠱　風濕の氣を合み身體倦怠腰脚拘攣して痛む又兩便不利して腰脚浮腫あるべし頭重くして心神昏亂の兆あり三ヶ月の後危し○四爻の變　未濟　肩背强急し又腹痛あるべし心氣鬱塞して眼目赤く耳鳴等の惱みあらん死生未だ定まらざるの際とす陰陽相對するを以て急に死せず湯藥を擇ぶに在り○五爻の變　渙　惡寒ありて痰涎出で胸鬲痞塞し頭を垂れ足を屈め四肢攣急して痛風に似たることあり發汗して治すべし○上爻の變　師　濕熱頭痛身の色黃ばみ汗自ら出で腹滿ち總身浮腫するものあり膿血脾腎の疾凶兆とす之卦師なり師は良將を得て勝つものなれば良醫を擇み治を請ふに如かず○屯は蒙を兼ね蒙は屯を兼ね互に其義を發すべし而して背面と中卦とに及ぶべし毎卦皆此意を以て斷ずべし又此卦二爻變の如き凶兆と雖も女子の疾に在りては或は懷孕と見ることあり是れ衆陰の中に一陽を藏すが故なり又蒙も屯も物の始めにして二卦共に震の象あり震は娠なり變じて剝と爲る剝落は元より期する所なれば無事に出產するものと占するの例あり是れ活斷なれば時に臨みて其用を知るべきなり

水天需

坤宮游魂　春自如　夏口舌
秋平　冬半吉

此卦を得るものは元來肝積の氣強く亢ぶり遂に脾土を克傷するものとす故に脾土水穀の消化惡くして食毒を生じ留飲甚だしく頭面より項背へかけ疼痛するの症あるべし又水氣を以て陽氣を壓する象あり故に頭痛し胸鬲痞硬惡心煩悶の象あり反胃の象あり又此卦飲食の象あれど一時の疾は酒より發するものあり狂言妄語等を爲すものなり大抵長病にして難治の症とす但婦人は氣血虚衰の意あれば急に療するを要す遲ければ大患に至るべし總べて之卦と其人平素の容體とを考へ活斷すべきなり○初爻の變　井　陽氣乏く陰氣壯盛にして心下痞硬し小水利せず足重くして脚氣の如く又痔漏の象あり大抵難治の症とす○二爻の變　既濟　發熱ありて上衝し大便秘結又骨節痿へ外膚冷へ腹裏熱し又忽ち内寒外熱あるの症常に心氣を勞する人は治し難し壯年の人は色情に感じ内虚に屬す老人は心氣虚乏するなり○三爻の變　節　腰痛して手足冷へ或は癇疾にして筋骨痛み心下痞硬咽喉口中等に惱みあるべし節は口に毒を

含む意あり故に飲食を節すべし又痳疾婦人は氣血の患ひあり○四爻の變　夬　痰喘急迫又胸脇苦滿心下痞硬或は浮腫ありて輕易ならざる症とす但婦人臨產の際此爻を得れば速かに產すべし○五爻の變　泰　疾ひ少く癒ゆることを得て又忽ち甚だしきに至るの恐れあり安危の分るゝ岐とす食はざるものは危し食ふものは或は治すべし泰は元健康無事の卦なれども他卦より變じて泰と爲るときは地天倒置の象と爲るを以て凶とす然れども泰なるを以て亦九死に一生を得ることあるなり○上爻の變　小畜　首低れ足縮み汗出て身冷へ長病にして救ひ難し但新たる風邪を帶びたるものは治すべし需の卦乾を氣とし坎を毒とし痛むとす是れ水氣を以て乾天の氣を掩ふの象なれば固より留飲等ありて熱も強く浮腫あるべし容易ならざるの兆とす然れども變じて小畜と爲れば坎の水變じて巽の風と爲る是れ風を以て坎の水を吹き散ずるなれば治方に依り乾天の氣も巽風の助けを得て終に發展することを得るの理あり故に此の治方を施せば全快すべし又婦人臨產の占なれば產期已に迫ると知るべし又需の卦はまつの義なれば治方も急遽の劑を用ふるに宜しからず徐々と治を施すに宜し時に臨みて斷ずべし

䷅ 天水訟

離宮游魂　春凶　夏平
秋吉　冬吉

此卦を得るものは肝積の氣強く常に氣を使ふ性なるより氣血不順を致し種々の疾患を生ずるものとす腎虛腰痛の象あり脾胃虛して飢飽節なきの象あり水瀉の象あり胸下痞塞の象あり下利厥冷の象あり氣逆上衝頭痛眩暈悪心煩悶五心煩熱小便頻數夜臥安眠せざる等の諸象あり婦人は經水不順にして氣血の虛あり又酒毒及び膿血の患ひあり此卦上下相乖くの象故に諸症總て難治の兆とす然れども其背く所を和すれは治するの道なきに非ず其人平素の容體と之卦の象とを照合して活斷するを要す此卦又舊患再發の意あり又一病治して一病殘り永久の困み治し難く或は父母より遺傳するものありと知るべし○初爻の變　履　痰咳急迫骨節疼痛危きが如しと雖も初發に治すれば平癒すべし○二爻の變　否　上逆下虛し胸中不利足軟弱にして步行に難し或は時候の違ひ夏日寒疾を得冬日熱病を得るの類或は亂心の意あり凶兆とす○三爻の變　姤　傷寒時疫の類大小便不利して浮腫の患ひあり或は腰脚の痛みあり婦人は經

水不順にして姙身の兆都べて陽氣實するが故に治癒すべし○四爻の變　渙　山風の瘴氣に中るの類時ありて壯熱を發することあり或は小腹腰下の痛み濕疝の類なれども漸次快癒すべし但再發の憂ひあり孕婦は流産を防ぐべし臨産の占なれば速に生るべし○五爻の變　未濟　發熱上衝の兆あれども治し易し但胸痛の憂ひあるときは重患とす又癒ゆるとも再發を防ぐべし○上爻の變　困　發熱上焦腰下に難みあり大に苦むべしと雖も死せず壯年の人は冷濕を兼て首或は咽喉に痛みを生じ老人は氣血虛乏の症とす○凡そ卦の表に坎水の寒あれば其背面には必ず離火の熱を具ふ患者の表に熱あるものは其裏必ず冷なるものなり又惡風するも惡寒するも倶に其裏は熱あるものとす蓋し易の卦象も天地の氣候も其道同じ例へば夏日盛暑の日井水の冷かなるは外熱の候冬月嚴寒の時に井水の暖かなるは外寒の候たるが如し需訟の二卦皆坎水あれば因みに之を記す他の卦も此意を以て推し考ふべし訟の如きは天水違ひ行き氣血不和の象なれば其治方も宜く降氣劑と補劑とを兼用すべきに却て下劑を投じ天地否の象と爲して元氣を損し終には觀剝と爲りて死に至らしむることあり愼まざる可からず

䷆

地水師

坎宮歸魂　春平　夏凶
秋凶　冬吉

此卦を得るものは脾胃虛損の象あり食滯の象あり小腹に塊物ある象あり腹痛の象あり大患に至りしものは塚墓の卦にして不祥の兆とす此卦本泰にして三陰三陽具足し无事壯健なりしもの初め三爻變じて臨の大震と爲り以て震の氣を破り次に初爻變じて坎と爲り坎の腎水を減ぜし象あれば震の氣は上りて亢り進み腎の水は流れ下りて傷るゝもの〻如し故に小腹に塊物あり或ば痛みあるものとす又脾腎の虛するを以て或は手足痿痺し濕氣を兼ぬるの象あれば或は瘡毒膿血の患あり小兒は蚘蟲の患ひあり婦人は血の難みあり總べて病根下に在りて強きが如し但師は將を擇むに在り故に良醫を擇み治を請ふべし歸魂の卦注意を要す○初爻の變　臨　痰飮四支厥冷或は疼痛あるべし又脚力痿へ小便不利口中に痛みあるものあり老人は重し少壯の者は漸々快復の兆とす但驚くことあるべし○二爻の變　坤　脾腎俱に虛し血液の運行遲慢にして四支に痺れを生じ時々腹痛あるべし此卦一陽を以て主と爲す今二爻變ずれば一

陽を失ふ故に治し難きの兆とす老人は大抵死に至る壯者癒ゆるとも必ず長きに渉るべし〇三爻の變　升　風濕の患ひ又は眩暈あり又腰脚牽引或は浮腫あるの兆頭重くして足輕く重症に至ることあり孕婦は胎動あり注意すべし〇四爻の變　解　脾胃虚し腰痛或は亂心氣脱の兆又脚氣衝心の恐れあり水氣多くして不治の症こす〇五爻の變　坎　心痛膿血或は耳目の患ひ又腫滿し小便不利の症一病治して又一病を發するの意あり〇五爻の變　蒙　風寒暑濕に中り心氣昏亂して人事を覺へず頭重くして耳鳴する等の兆多くは治し難し〇此卦本地天泰にして泰の時は三陰三陽具足し無病壯健の象なれども既に三爻變じて地澤臨の大震の象と爲り是に於て震の木を破り次て初爻變じて下卦坎と爲り坎の腎水を減じ全卦僅に一陽を存して師の病患とは爲りし者なり故に震の肝木の氣は上り亢ぶり進むに過ぎて破れ坎の腎水は流れ下りて傷るゝ者とす然れば此病を療するには先ちて震氣の上るものを抑へ坎の腎水の下り減ずるものを止むるをよしとす是れ卦象に由りて治療の法を考ふるの道なり但變卦に依て其趣き一ならざれば猶變卦と對照して其病根を斷定し治療の方をも講ずべきなり

䷇

水地比

坤宮歸魂　春病　夏自如
秋吉　冬大利

此卦を得るものは觀察に二途ありとす一は輕症にして全卦重坤の脾胃の中に坎の食毒ありて疾を爲すものと爲し其食毒を除き去るに宜しと爲す一は虛勞危篤の大病にして身心疲勞し唯九五の一陽のみ心位に居るものなれば之を救ふの方なしと觀るなり又胸膈に水毒ありて痛みを爲すの象あり但脾腎虛衰し血氣不順なるが故に身體四支痿弱し或は痰咳眩暈等あるべし常に沈々として樂まず或は小便利せずして浮腫し疾長くして危候多し婦人は經行不順或は吐血の類治すと雖も終身の禍を招くことあり其症の如何を問はず速に治を求むべし遲きときは大患に至るなり歸魂の卦なれば注意を要す○初爻の變　屯　手足拘攣し或は足に水腫あり肝氣勝ちて體衰へ病勢次第に進むの兆又心下に動氣あるべし急に治し難きの兆とす○二爻の變　坎　瘡毒腫物膿血等の象或は泄瀉し手足微冷の象此疾狐狸の禍又は鬼祟等に依ることあり又二ケ所患ひあるの象あり重險の中に陷るの意あれば容易に治しがたし○三爻の變　蹇

肩背強急し腰脚の患ひありて龜背の如く膝行するの象あり病久しきに渉るべし或は
心下に難みあり治するも長し○四爻の變　萃　患ふる所一ならず痰喘吐血心下痞硬
停食等の患ひあれども西方の醫を請ひ服藥すれば治すべきの兆あり○五爻の變　坤
心脾勞極りて腎精乏く將に危篤に至らんとするの兆然れども或は快方に向ふの一機
兆あり此時吉凶の岐なり又吉凶共に急なるの時なれば治を求むるは速かなるに宜し
又胸背手臂痛み眼目昏晦するものあり○上爻の變　觀　上焦下枯頭痛眩暈一旦快き
が如くなるも病勢は一層を增し重症に陷り五六日を經て危ふかるべし蓋し本卦の比
は坤を脾胃とし坎を食毒とするが故に食毒脾胃の中に在るの象とす此くの如きとき
は坤を以て無病と見ることあり而して其脾胃の中に坎の一陽あるは坎を毒とし食と
し痛みとす即ち食毒にて痛むの象變じて觀と爲るときは又一陽爻の毒を增すものと
す且觀の畫象より見れば飮食の進みがたき象とす然れば頭痛眩暈等も本は脾胃より
發するものなれば解毒劑を用ふるに宜しかるべし又觀は全卦大艮の象艮も亦脾胃と
す何れより見るも脾胃の疲勞するもの此病因たるは疑ひを容れざる所なり

☴☰ 風天小畜

巽宮一世　春病　夏凶
秋口舌　冬吉

此卦を得るものは元來陽氣偏に勝ち陰に屬する血肉共に不足するの性とす故に肝氣常に亢りて脾胃を尅し脾土疲弊するの象とす是を以て水穀の消化宜きを失ひ脾胃の中途に食毒を生じ留飲尤も盛んにして裏熱も亦甚だしかるべし筋膜拘攣し肩頭に懸痛あり大便秘結するものあり又風邪感冒の象あり噦噎の象あり脹滿の象あり呼吸促迫の象あり婦人は血塊血積四支沈重して掣痛あるべし又胎孕は安からさるの兆とす小兒は疳の類必死の症とす但痛所に腫物あれは治することあり老人の半身不遂は凶兆百事全功を奏することと難し又人の勸むることは心に應ぜず我が思ふことは成らざること多き意あり〇初爻の變　巽　腰足拘急又外邪の侵す所風疾風毒の類再發の意あり丹誠を凝らし鬼神に禱るに宜し大病の兆とす〇二爻の變　家人　發熱頭痛大便秘結小水赤く澁り飲食味なく重症に至らんとす元來此卦乾を氣とし巽を肝とす是れ肝氣欝結の象なり又之卦家人は益の卦中へ九三一陽の毒入り來りたる象益は震巽二

木の肝氣脾胃を尅傷せるの脾象土傷るゝが故に食毒生じ震巽の間に火熱を生じて家人と爲るものなり然れば治方は中卦坎の毒を去るに在り○三爻の變　中孚　病内に在り積氣濕毒の類腰間に痛みあり或は夫妻の嫉妬より發する病腎氣の衰ふるに依ることあり婦人多くは姙娠或は血塊の類とす○四爻の變　乾　腹滿して時々痛みを發し或は血證を見はして身大に熱し忽ち厥冷して下利することあり又痔疾下血脫肛の類急に治し難し○五爻の變　大畜　氣血の不順身體疼痛痛風歷節風の如く或は腫物を發せんとす心下痞し咳嗽出て頭重かるべし婦人は產後の血症治し難し○上爻の變　需　寒熱ありて氣欝す或は頭痛病輕きに似て危し又腰より以下痿へて起つこと能はざるものあり元來小畜の時肝氣亢ふりて脾胃を尅し脾土疲弊し水穀の消化宜きを失ひ食毒脾胃に生じて留飲を爲せしもの今變じて需と爲れば乾を氣こし坎を毒とし坎の水毒を以て乾天の氣を掩ふが故に身體浮腫を生ずることあるべし又乾の皮肉の中に坎の水氣あるの象なれば容易ならず然れども需は時を待つの卦なれば靜養して漸次に治するの理あり又小畜の上爻の辭も凶ならざれば其意を以て看護すべきなり

䷉ 天澤履

艮宮五世　春凶　夏平
秋凶　冬吉

此卦を得るものは乾の氣は上に升りて下降せず兌の止水は下に止りて上行せず是れ氣血不順にして氣は鬱結し血は粘帶し虛熱其中間に生じて一身を薫灼するの象故に煩悶頭眩惡心不食五心反熱氣息短促等の症ありて危篤の候とす凡そ上卦に乾あるものは上實下虛の象にして容易ならざる症なり又下部に濕熱ありて逆上するものあり胸鬲苦滿するものあり大小便不利のものあり手足厥冷のものあり婦人は經行不順にして重患に至ること多し此卦婦人裸體の象にして又孕婦と見ることあり腎水實過し淫心甚だ動き鬱氣洩らす所なくして疾を發するものあり又急劇の症に此卦を得ることあり○初爻の變　訟　四支厥冷し泄瀉或は裏急後重ありて痢疾の兆又は足痛濕氣の症臥して起つこと能はざるものあり○二爻の變　无妄　病口より入り疲勞するの象腎虛の意あり邪熱盛んなるときは脇下痛み頭痛鼻血出て劇症と爲る女子は產後腰下の病或は夫妻離別の愁ひより半亂狂氣するものあり此くの如きは凶兆とす○三爻

得るときは産期近しと雖も難みあるの兆とす出産の男女を問はゞ女子なるべし
要す又大象離に似て火の象あれば其熱あること知るべし又孕婦を筮して上爻の變を
人を咥はずと云ひ爻には人を咥ふともあれば爻の變と病症とを對照して活斷するを
殆の意を見はすなれば病筮に此卦を得れば危きことありと知るべし然れども象には
に乾兌の卦下に在るものは不治の症多し又履の卦は彖辭に虎の尾を履むとありて危
ゝが故に肺臟の傷れを主どる又兌の卦は脾胃の不足咽喉の痛みある象とす凡そ病筮
に在りては乾も兌も皆肺と爲す兌の卦下に在るときは命門の火を受け肺金尅せらる
喘の患ひあり又頭痛し大便不利腰背强痛呼吸短促するものあり不治の症とす○八卦
ずるに利し病ひ輕きに似て重し○上爻の變　兌　乾金の剛變じて兌金の柔と爲る痰
氣上衝頭痛壯熱心煩腹滿或は瘀血の症あり醫藥應ぜざるときは醫を易へ或は藥を轉
は浮腫するものあり婦人は懷妊の兆速に治せざれば危きに至る○五爻の變　睽　逆
し○四爻の變　中孚　發熱留飮等の難み欝氣胸鬲に上り眼目昏朦行歩自由ならず或
の變　乾　大便秘結し腰脚冷痛浮腫すべし或は大に嘔逆を發するものあり治しがた

䷊ 地天泰

坤宮三世　春吉　夏凶
秋凶　冬吉

此卦を得るものは元來三陰三陽具足し陰陽の氣升降和順するの象乾の純陽の氣は下湧泉に降り巡り坤の純陰の血は上百會に升り朝す是れ无事无病堅固壯健の象とす然るに疾を占ひて此卦を得るに由れば深遠微妙の玄義ありて此卦に非ざれば告ぐることと能はざるの義あるを以て告げられたることを默悟すべし蓋し父母の遺毒を傳へたるの象あり又梅毒内に伏して未だ表に發せざるの象あり或は多房にして腎水虛耗せるの象あり腹中硬滿の象あり又重病にして此卦を本卦に得るときは乾の人身を坤の土中に埋むの象あるを以て危篤と爲すなり又痘瘡に在りて本卦に泰を得るときは十の八九は救ひ難きの兆とす○初爻の變　升　逆上眩暈して足痛あるべし痛風の類にして早く治せざれば凶輕きに似て重きに至るものなり或は亂心奔走蹶き傷るゝの類女子は產後の病なるべし○二爻の變　明夷　壯熱あり口中煩渴し大便秘結し又痰血濕氣痞毒の難みあるべし或は眼疾のものあり凡そ病筮に明夷を得るは卦名よりして

好まざるものなれば戒愼を要す速に治せざれば凶〇三爻の變　臨　食傷又は毒瘡開口の悩み或は痞積上衝急に治しがたし但臨産は安し〇四爻の變　大壯　病候變ずるの時とす肝氣盛んにして逆上強く胸脇苦滿從來陰症のもの反て發熱し怒氣を發するものあり〇五爻の變　需　水腫疝積の凝る所膿血の災治し難きの症或は色欲の禍頭痛し面部に浮腫を生ず凶兆こす〇上爻の變　大畜　頭痛腹滿心氣欝塞して開き難し病輕からざれども靜養して治すべし〇凡そ百疾千患の起る卦象に就きて之を論ずれば先づ人身の陰陽和順し氣血具足し骨肉壯健無事無病なるは乾坤氣血の全備して運行するに依る即ち乾氣は下降して湧泉に降り坤血は上升して百會に朝し是れ陰陽交和し氣血升降する處の徵候にして即ち泰の卦象とし又乾氣欝結し疲勞して下らず坤血は粘滯して升らず氣血各上下に引き分れて閉塞し陰陽交らずして疾を生ずるは否の象とす而して百疾千患の始まりは先づ肝(震に配す)膽(巽に配す)の二臓腑より生ずるものとす如何となれば震巽は陰陽二氣發動する所の主たればなり震は坤血の一陰畫不足する所の肝積巽は乾氣一陽畫不足する所の肝積なれば泰否の二卦と此震巽二卦との義を知ることを要す

☰☷ 天地否

乾宮三世 春吉 夏凶
秋平 冬吉

此卦を得るものは天地閉塞の象にして乾の氣は亢り上りて下に降らず坤の血は下に降りて上に朝せず氣血和せずして共に虛損するの象とす故に百疾千患の因て生ずる所の本なりとす氣逆上衝惡心煩悶頭痛目眩五心煩熱手足寒冷飢飽節なく夜臥安からず下利又は小便頻數下血崩漏等の諸症皆具はるの象肝脾肺腎總べて虧虛せるの象失心癲狂の象皆危篤の兆とす又夏日は涼を納れて後暑邪を伏し冬日は爐に當りて快眠の間寒氣に中り火毒を帶ぶる等のことあり疾内に伏して未だ大に發せず故に内に釀すこと久しければ終に治期を失ふを以て速に治を求むるに宜し又毒を食ひて病根を除くことあり○初爻の變 无妄 肝氣亢ぶり足痛の症疾に感ずること未だ深からず速に治するに宜し放擲するときは重きに至るべし○二爻の變 訟 上下相戻り邪氣邪熱の侵す所あり或は亂心或は腫瘡或は虛病に屬することあり又下利足痛等の意あり○三爻の變 遯 手足及び腰間に難みあり或は大小便通せず中風等の象多く難治

の症とす〇四爻の變　觀　胸間悶亂或は脹滿欝氣發斑濕瘡の類又眩暈等ありて凶兆とす然れども急に死せず〇五爻の變　晋　心熱灼が如く時疫の類逆上して目痛み吐血等の象あり夏時は霍亂轉筋危篤の兆小兒は痘瘡又眼病の兆とす〇上爻の變　萃　食物停滯又は痰飮或は頭痛嘔吐咳嗽の患ひあり上焦瘦せ下部枯る淫酒過度の致す所早く救はざれば大患に至り服藥効なかるべし〇此卦泰に反す泰は陰陽の氣交和し人身に在ては健全無病の象此卦は陰陽の氣和せずして陽氣は欝結し陰血は粘滯し百疾千患の由りて生ずるの象とす此理に通ずれば他の卦の泰足ざるは多少の疾ある所以否足ざるは尚氣息の存する所以とを知べし而して其否こ爲る所を避け之をして泰に復せしむる所を求むるは即ち其疾を療するの道なり古へは易理と醫道と相須ちて其疾患の因て來る所を考察し治療の方針をも定めしものなれども後世は筮者醫術を知らず醫師易理を知らざれば假使ひ易理を說くこ雖も其言を信じて治を施すこと能はず又病人を筮するも筮者親く其人を候問し平日の好惡禀賦の强弱身體の肥瘠血色の如何等を審かにすることなければ往々其占を誤ることあり是れ病筮の難き所以なり

☰☲ 天火同人

離宮歸魂　春凶　夏吉
秋凶　冬吉

此卦を得るものは天稟陽氣偏に勝ち陰肉薄少にして且性急短慮の性なるべし疾は房欲度を過ぎて腎水を減じ虚火腰間に生じて頻りに上衝し頭眩目暈噁心煩悶五心煩熱常に安眠しがたく胸脇苦滿の症を兼ぬべし但輕症に在りては流行性感冒或は暑邪瘟疫等に屬することあり又婦人に在りては血熱より狂亂の如く逆上するものあり吐血下血を畏るべし小兒は痘疹の初發に此卦を得ることあり屢醫師を易ふることあるべし易ふるも直ちに治せず患者は物に驚き易く人をのみ便りにするなり重患に在りては不治の兆とす歸魂の卦なれば尤も注意すべし〇初爻の變　遯　瘡濕咽喉舌疽の類上塞り下枯れ腹肚腰足疼痛し心氣衰弱遺言を爲し死亡するもの多し〇二爻の變　乾　大便秘結小便不利浮腫又痰喘ありて多くは治し難し或は足痛あり但し耳痛の類は耳聾して死せざるもあり〇三爻の變　无妄　肝氣亢ぶり怒氣強く腰脚攣急して屈伸安からず或は亂心して高聲多言危篤の症にして藥力及び難きもの多し然れども一旦は

快癒に赴くことあり○四爻の變　家人　風邪を兼ねて熱あり且臍腹痛み婦人は懷孕又氣積の類にして病重けれども治すべし○五爻の變　離　火熱盛んにして胸膈に迫り氣逆上して狂するが如く危しと雖も治す或は眼目の患ひあり○上爻の變　革　氣上衝して心煩し或は腹痛甚だしく遺尿し熱汗を發することあり多くは不治の症但醫を易ふるに吉○此卦離宮の歸魂とす凡ろ病筮に歸魂の卦を得るは好まざる所なり故に愼重すべきものとす但卦爻の變により吉に赴くことありと雖も此卦の如き一爻變のものに在りて大概宜しからず遯の如きは虛損の象且今一爻を變ずれば否と爲り陰陽の氣閉塞して通ぜざるの象とす乾は純陽にして陰氣の助けなく精氣虛耗の象あり无妄は天に從へば吉天に逆へば凶の卦にして六爻皆禍福を言ひ大抵は凶なりとす家人は離火酷烈にして上に風あり病氣旺盛なるの象離爲火は上下皆火なれば極熱にして背面は大寒の象亦凶兆と爲すべし革に至りて病の危篤に至るを稱して病革といふが如く亦吉といふべからず唯醫藥を改めて萬一を僥倖するの意あるのみ故に此卦を得るときは早きに及びて良醫の治を請ひ速に之を治せんことを求むべきなり

䷍ 火天大有　乾宮歸魂　春吉　夏平　秋凶　冬吉

此卦を得るものは元來陽氣偏に勝ち陰肉薄少にして陰血も亦不足するの性なれば肝の積氣のみ強く亢り胸鬲に熱を生じ煩渴引飲頭眩逆上衝心便秘等の症あるものとす又は眼しぶり或は吐血等ありて身體倦み勞れ又は水腫中濕中風等の症を兼ね輕きに似て難治の症に至ることあり或は霍亂體の症に此卦を得ることあり此卦大を有つの卦なれば病も亦一二の症に止まらず種々の徵候を有することあり故に一偏に拘泥すべからず且歸魂の卦なれば充分に注意すてし其死生を斷ずるは之卦と病症とに在るなり○初爻の變　鼎　腹內悶亂湧くが如く上焦下枯水腫痰咳の症とす鼎は故きを改め新たなるに就くの卦なれば醫を改むるによし但乾を闕きて巽と爲るを以て欝氣少しく開くべしと雖も反復來往測るべからざるの意あれば良醫を選み天祐を祈るに在るのみ○二爻の變　離　壯熱ありて吐血下血等の症を發すれば必ず死す又傷寒瘟疫の類夏時は霍亂と爲るべし○三爻の變　睽　理に背く所にして水上に火あるが如く

病も亦常に異なるの意あり又痰飲嘔吐腰痛等の症醫藥應じがたし○四爻の變　大畜　積氣留飲又腹脹の意あり凶兆とす或は痿痺と爲るべし婦人は血塊脹滿の象あり○五爻の變　乾　時候風濕の感ずる所頭痛眩暈或は浮腫眼目の難みあり急症は旬日を出てずして死し或は長病難治の症と爲るべし○上爻の變　大壯　逆上して體衰るの症或は肝氣亢ぶり時としては亂心の如きものあり爻辭に天祐とあれば良醫を撰み天祐を祈るべきなり○此卦乾宮の歸魂とす歸魂の卦は病筮に於て大概宜しからず又爻位を以て言へば初爻を喪門とし二爻を弔客とし三爻を哭聲とし四爻を棺材とし五爻を行兆とし上爻を墳陵とす又上爻は頭なり五爻は心なり四爻は脅なり三爻は腰なり二爻は股なり初爻は足なり是れ獨り此卦のみならず他卦も皆此の象あれば時に臨み其病狀と各爻の動きとに依り活斷するを要す又時に應じ初を五臟と爲し二を皮肉と爲し三を體骨と爲し腰足と爲し四を肺と爲し心と爲し五上を頭と爲して見ることあり又應爻及び外卦を醫師と爲し內卦及び世爻を病人と爲し爻の相生相尅を以て醫藥の適否を判ずることあり醫師より病を尅すれば病治すべく病より醫を尅すれば其藥靈ならざるが如し

䷎ 地山謙

兌宮五世　春平　夏凶
秋吉　冬吉

此卦を得るものは第一に脾胃虚損の象とし又胃中に食毒ありて疼痛するの象あり又寒疝腰痛の象あり勞役して陽氣虚衰せるの象あり中風にして半身不遂の象あり打撲の象あり故に老人は中氣の病多く婦人は血分に屬するの症多し或は持病の宿痾再發し外見よりは重くして長く愈へざるものなり胎孕は障りなしと雖も遲し總て陰氣勝つが故に沈默して樂まず又下卦艮止なれば行歩に艱む等のことあるべし又此卦彖墓の象あり山の高きを以て地下に入るの卦なれば凶兆と見ることあり時に臨み活斷すべし但し先きに屈みて後に伸ぶるの意あれば長病に在りては治することあり○初爻の變　明夷　此卦艮山己に地中に入るの象にして今又離の心坤地の下に入るの象なれば至て危篤の兆とす且卦名より見るも明夷と爲るを以て大概は不治のものとす然れども壯年の人或は膏粱過食して食毒を脾胃に止むることあり是れ謙の象なれば此時に當り脾胃を助け食毒を疏滌するときは速に治すべきを却て溫補の劑を以て疾を

増進せしめ更に明夷の象と爲せしが如きは解熱と疏滌との力に依りて平癒することあるべし○二爻の變　升　風邪を伏し逆上強く足痛眩暈等あるべし病氣昇り進むの時なれば戒愼を要す○三爻の變　坤　謙の時一陽猶存せしに今變じて純陰と爲る其凶知るべし水虚或は毒瘡の症又劇藥を服し脾胃を傷り眼目昏蒙し腰脚伸ぶること能はざるの象あり然れども坤は順にして物を育するの理あり謙は人に依りて立つの意あり良醫の力を得れば治すべきなり○四爻の變　小過　陰氣強きに過ぎ積聚甚だしく肝氣心下を犯し骨節疼痛寒熱往來の症こす小過の卦たる上るに宜しからず下るに宜きの象なれば氣を下し安靜なるに宜し婦人は妊娠の兆とす○五爻の變　蹇　胸背及び腰足の難みあるべし或は瘡毒の餘殃心氣欝悶して心下痞硬し脾腎に濕熱あるべし婦人は經行不順便秘等の症急に治しがたし○上爻の變　艮　頭痛又は腰背強急し四肢痿痺し或は全身瘡疥を發し陰部に患ひあるの象とす○凡そ此卦下卦三爻は皆吉にして凶なく上卦三爻は皆利にして害なし然れば病狀を察するときは上に述ぶるが如くなれども時として吉を得ることなきに非ず意を用ひて判決すべきなり

雷地豫

離宮一世　春平　夏吉
秋吉　冬凶

此卦を得るものは肝氣亢りて脾土を剋し脾土剋せられて水穀の消化宜しからず食毒心下に止まり痞硬するの象あり肝積に攻めらるゝの象あり脾胃虚弱にして下利し易きの象あり腹中に塊物あるの象あり濕を兼ぬる症は腰脚痺痛し或は痰咳を發し咽喉腫痛し又一身斑點を發することあり婦人は血塊又經水の滯りなるべし元來肝氣の亢ぶりあれば或は癲狂を發し人事を失ひ卒爾に怪我するの類又物に觸れて心氣躁しく動悸甚だしきものあり此卦雷の地を出でゝ奮ふの象蓋し春陽の氣行はれ雷の奮ひ出づるや蟄蟲皆蘇し百穀草木育するの象なれば悦びあるの時なれども病に在りては震動の劇しきが爲めに反て安からざるの意あり○初爻の變　震一雷已に發せしに一雷又下より起るの象あれば餘病を發し且急劇の症とす筋骨疼痛し腰脚痲痺し或は癲癇の如く心下皷動し發狂に類するものあるべし先きに危くして後に治すべし○二爻の變　解　夜氣の侵す所瘡毒の難み或は發熱狂走發斑等の症とす婦人は産後又流産の

難み多く血分に屬するものとす良醫を得て治すべし○三爻の變　小過　腹中塊物を生じ腰下重く夏時は中暑伏陰の患ひあり男女共に痿痺の症を發することあるべし○四爻の變　坤　血氣衰弱腹內空虛或は脚氣上衝の如く氣逆して足痿す凶兆治方を漫にすべからず○五爻の變　萃　上衝嘔咽して飲食進まず心下痞塞して脚弱し最初治方を誤りたる意あり蓋し飲食過度の致す所とす○上爻の變　晋　上焦下枯心火盛んにして煩悶嘔吐あるべし又瘡毒の象あり婦人は血積半亂流産の災又は鼓脹の象治するもの寡し○此卦豫にして悅ぶの義と爲し疾は豫と反す故に疾ある之を不豫と謂ふ然るに豫にして許多の疾患あるものは豫の時悅びに任せ心勞れ意足り其の樂み已に極り遂に情を縱まゝにし欲に馳せ或は飲食度に過ぎ色欲に流れ遂に之を節することを忘る亦恒情の免れざる所なり故に六爻の辭を見て各其因る所を知るべし初爻は悅びに堪へずして樂みを縱まゝにし凶を得るものなり二爻は中正にして吉を得るものなり三爻は不中不正にして悅びを得んと欲し却て悔ひあるものなり四爻は一卦の主と爲り豫悅を爲すものなり五爻は豫樂を欲して自由を得ず故に亡びざるものなり上爻は豫の極に居り情を縱まゝにして凶なるものなり

䷐ 澤雷隨

震宮歸魂　春平　夏吉
秋凶　冬吉

此卦を得るものは肝氣強く脾土尅せられ水穀の消化悪しくして腐敗液胸鬲に滿ち溢れ爲めに種々の症候を發すべし頭痛惡心の象あり肩背強痛の象あり氣逆頭眩の象あり飢飽節なきの象あり又濕毒の象あり然れども多くは色欲の爲めに心を動かし發するの症なれば輕きが如くにして實は重し自汗盜汗痰咳ありて筋骨拘急し日を經るに隨ひ邪氣漸く深く早く治せざれば終に大患に至ることあり婦人は流産の餘殃なるものあり此卦の象義皆陽を以て陰に下るに取り名づけて隨と曰ふ故に此卦の時は強を以て弱に隨ふに利あり疾病を療するに於けるも各其時に隨ふの意あるべし○初爻の變　萃　濕氣を含〆足痺痛し又は食滯より脾胃を損するものあり此くの如きは留飲咳逆して氣鬱するの症とす然れども久しからずして治すべし○二爻の變　兌　痰飲咳嗽或は骨節痛み手足冷へて治し難きの症とす蓋し傷食より時氣に感じたるものにして或は亂語狂走するものあり急に死せざるも末には危し○三爻の變　革　熱の往

來ありて大便秘結し口中煩渇して或は吐血等の恐れあり長病は醫藥を轉ずるに宜し
婦人は經行の滯り又帶下の症或は異病にして瘡疹又は眼病に變ずることあり革は疾
革りて死するの義あれば戒愼すべきなり○四爻の變　屯　留飮腹痛心氣欝滯して冷
濕を含み婦人は血虛血滯ありて長しと雖も治すべし但欝氣より生ずる狂亂奔走言語
節なきものは凶兆○五爻の變　震　肝氣亢ぶりて脾胃衰へ事物に就きて或は怒り或
に悲み心騷かしき症とす蓋し病邪漸く深く宿痾と相搏ちて大に發動するものとす故
に耳鳴頭痛四肢酸疼寒熱往來あるべし但小兒に在りては肝積の大なるものにして胸
鬲に上り苦悶して危篤なるが如きも本卦二五の應あるを以て藥も應ずるものと爲し
平復するものと見ることあり○上爻の變　无妄　病邪上部に欝塞し寒熱往來して頭
痛破るが如く足痛みて伸びず危篤の兆とす然れども卦象より見るときは澤下の雷天
に上ることを得るの意あれば其闕けたるを補ひ危ぎに臨みて生理あり良醫の治を請
ふて治すべし但兌の口乾に變じ口を閉ざすの象あれば反胃と見ることあり又无妄は
天災にして其病因父母の遺傳に因ることあり時に臨みて活斷すべし

䷑ 山風蠱

巽宮歸魂　春平　夏吉
秋不利　冬凶

此卦を得るものは其病患の原因に各種の不同あるものなれば先づ其原因を詳悉し然る後占斷を下すべし或ば黴毒の象あり或は蚘蟲の象あり肝積衝心の象あり父母の遺毒を受けたる象あり發狂亂心の象あり中風不遂の象あり嗝噎の象あり天行瘟疫の象あり外邪內攻して胸膈を苦しましむるの象あり脾胃虚の象あり腎虚の象あり瘍腫の象あり痘瘡の象あり元來蠱にして疾の卦なれば一を執りて論ずべからず蠱は敗るゝなれば身體次第に壞亂するの意ありて疾の何たるを問はず漸々深く侵し危篤に至るの兆又臨產に此卦を得れば母子兩全しがたきなり此卦風の山下に入り閉息して振はざるの象物腐りて蟲を生ずるの時とす○初爻の變　大畜　形體手足等に痛みあり或は浮腫あり毒瘡癇疾眼目昏朦病根深くして抜き難く急に死せざるも長きに渉りて治せず又妖魅蠱惑の象あり○二爻の變　艮　四肢重く腰脊疼痛飲食進まず長病にして輕からざるの症とす○三爻の變　蒙　血氣衰弱便秘腰脚冷痛又瀉下するときは痢疾

の如し或は逆上して耳鳴り頭重く目かすむ等の症あり婦人は産後又經行の障りあり
て長病と爲るべし○四爻の變　鼎　病邪上衝し嘔吐噦逆或は發熱惡寒飲食進まず危
篤の兆とす但醫を轉ずるに宜し○五爻の變　巽　傷食吐瀉血膿中風等肝脾の傷れに
して凶兆とす本卦の象巽風を以て艮山を吹破るの意あり今山變じて風と爲る必死の
占と見るなり○上爻の變　升　逆上して頭痛眩暈又傍症を發すべし多くは瘡毒より
來る本卦の蠱は陰溺惑亂の象とす凡そ人陰溺惑亂なるときは必ず氣血を破る故に瘡
毒と見るなり且足に浮腫あるべし巽を股と爲し坤艮共に浮腫の象あり又蠱と升と共
に足の腫れたる象なればなり然れども上爻は亂極りて治に向ふの時なれば良醫を得
れば治すべきなり但艮を身と爲し艮變じて坤と爲るは身變じて土と爲るものなれば
時に取りて必死と占することあるなり○此卦父母老ひて子事に當るの象なれば親子
の間に勞苦あるべし又災難遠きに在らずして近きに起り外より入らずして内より生
ずるの意あれば疾病に於けるも此意を體して常に戒愼する所あるべし初爻は疾未だ
深からざれば早く治するに宜し其他は三爻及び上爻を以て稍吉とするなり

地澤臨

坤宮二世 春平 夏凶
秋利 冬吉

此卦は兌を下にし坤を上にす澤上に地ありて地澤相臨むの象全體に於ては二陽を以て四陰に對し四陰を以て二陽を觀又二陽より四陰を望み陰陽相望むを以て名つけて陰と曰ふ陰漸く退き陽漸く進むの卦なり然れども此卦を得るものは天禀の賦性薄弱にして肝氣常に亢ぶり脾胃を尅傷す脾土疲勞するよりして水穀の消化悪しく脾胃中に濕氣を生じ轉じて種々の病患と爲りしことを知るべし又腹中に宿水あるの象あり瘀血の象あり故に痰飲ありて咳嗽し心氣欝して心下痞し或は酒毒或は腰脚痛みあり卦象土を以て口を塞ぐなれば重症のものに在りては凶兆とす但姙娠の婦人は此例に在らず○凡そ六十四卦中人身禀賦の正體無病健全の象と指定して其準則と爲すべきものを泰とし泰に次ぐものを臨とす泰は三陰三陽具足すれども臨は二陽四陰にして泰に比すれば一陽の不足あるが故に禀賦虚弱氣血不足のものと爲すなり然れども人の禀賦に於ける泰の具足せるが如きものは少くして十中三四を得がたく臨の卦象の

如きは十中に六七を得べし故に疾病の占を得たる卦の象義に對し如何なる治療を施
すとも泰臨二卦の象に變ぜしむるの道なきときは不治或は必死の兆と爲すべきなり
又一陽爻不足の臨を以て稟賦蒲弱の人と爲さば一陰爻不足の大壯も亦同一の觀を爲
すべきが如くなれども大壯に至りては已に疾病中の人なれば常體と見るべからず其
故は臨の大象は震なるも大壯の大象は兌なり震は春にして生氣あるも兌は秋にして
肅殺の時なればなり○初爻の變　師　泄瀉下血の症本冷濕を兼ぬるが故に足の痛み
あるべし秋は痢疾の兆治方を怠るときは大患に至る○二爻の變　復　傷食酒毒泄瀉
脾胃虚の類一時快方に向ひ再發して危きに至るものあり女子は虚勞の症とす○三爻
の變　泰　喘息嘔吐腰重くして腹膓大便不利一身浮腫等の症又病因は多く甘味の物
を食するより起ると見ることあり爻辭に甘臨とあるを以てなり○四爻の變　歸妹
過食鼓脹脾胃虚酒毒痟濕痰咳の類危篤の兆とす○五爻の變　節　留飲或は骨節疼痛
或は嘔吐あり飲食進みがたく不治の症と爲るべし産は平かなれども臨産は阻礙に注
意すべし○上爻の變　損　腹痛毒瘡眼昏耳聾或は中毒打撲傷の類長病は愈ゆること
あるも急病は危し

䷓ 風地觀

乾宮四世　春平　夏凶
秋吉　冬凶

此卦を得るものは肝氣亢ぶり脾土を剋傷して水穀の消化悪しきより脾胃中に毒ご熱とを生じたり此卦巽を肝とし積氣とし艮を脾胃とす全卦は大艮にして又脾胃なれば病因は肝と脾胃ごの疲勞に起るものとす元氣大に虚する象あり眩暈頭痛悪心の症あり頭脊強く疼痛するの象あり痰涎壅盛の象あり下利及び自利の象あり都べて上盈ち下虚し逆上して寢るも夢多く盜汗を發するもの多し婦人は血虚の象男女とも輕きが如くして實は重し速に治を施さゞれば漸々危篤に至るものなり此卦巽風を以て坤地の上に在り風の地上を行くが如く動搖の義あるを以て身體穩和ならずして煩雜の意あるべし大概心氣を亂り次第に重患に至るなり○初爻の變　益　肝氣壯盛にして足痛み或は治を誤ることあり初發に治せざれば大患に至る○二爻の變　渙　欝悶眩暈目疾腹痛傷食吐血泄瀉の類又小便失禁腰脚冷痛することあるべし良醫を得て治すべし○三爻の變　漸　胸鬲又手腰等の難み或は疝氣等の症全體觀の卦大象は艮なり艮

を脾胃とす今漸に變ずるを見れば大艮の脾胃の中に坎の毒を生ぜるの象あり坎を酒とし毒とし夜とし勞とす故に脾胃の中に酒毒停滯して諸症を生ずるものとし此三爻の毒を除去することを務むれば治すべきなり治を怠れば救ふ可らざるに至る○四爻の變　否　上塞り下枯れ大患の兆或は目疾傷食欝積痰咳毒瘡の類速に死せざれども治しがたし○五爻の變　剝　上實下虛肩背痛或は身體及び手足痿痺し中風に類するものあり小兒は脾虛婦人は血虛皆重患とす變じて剝と爲る衆陰上り進みて今將に一陽を消し盡さんとするの時なれば必死の兆とす○上爻の變　比　虛勞或は頭痛耳目の患腰足不自由大腹水腫の象小兒は胎毒大抵不治の症とす○此卦大象は艮艮と坤は土にして脾に配す故に此卦の如きは脾に着眼するを要す凡そ艮の病は氣血欝滯し或は兩便不利にして浮腫の理あり頭痛拘攣手足重く胃熱ありて胸鬲を塞ぐ意あり又婦人は産前後の意あり艮坤倶に脾に配すれども別ちて之を論ずれば坤を受け納むるとし嚢とし平坦の土地とし外實內虛の象を取る艮土は山岳險阻の地とす故に坤を脾の主配とし艮を脾の從配とするなり艮坤の卦あるとき此の義象を用ふべし

☲☳ 火雷噬嗑　巽宮五世　春凶　夏吉
秋凶　冬凶

此卦を得るものは肝の積氣強くして脾胃を尅傷するが故に水穀の消化悪しく脾胃に食毒と熱とを生じて種々の病と變ずるものとす留飲痰涎胸膈に充ち塞り項背拘急悪心頭眩等の象あり臍傍動悸し心下に水氣ある症もあるべし又咽喉腫痛の象あり上進して熱盛んなるの象あり婦人産後血症の類急に治し難し又力を盡して一は治し一は治せざるの意あり産は艮全を保ち難し都べて障害物あるの卦なれば先づ其障害を斷定して之を除去することを務むべし此卦全體頤に似て頤の中に九四の一陽爻來りて梗を爲すの意あるを以て此一陽を噬み嗑せ然る後に兩唇始めて合ふの義より噬嗑と日ふなり○凡そ六十四卦の中にて醫道に配する所の卦は頤と噬嗑この二卦とす噬嗑は頤中に一陽爻ありて妨げを爲すの象なれば醫道より見るとき此九四の一陽爻を以て寒熱氣血の病毒とし或は頤口の中へ一陽爻の藥物を入るゝの象とも見るなり周禮に疾醫と曰ひ人の疾病苦腦あるに臨みて其因て來る所を推し考へ其疾の緩急を量り

寒熱氣血の虛實輕重に從ひて其方劑を處し或は汗し或は吐下し其他和解溫補升提降墜滲通清涼等の治療を施す是れ噬嗑の象なり○初爻の變　晉　壯熱逆上傷寒瘟疫の如く或は身に斑點を生じ或は瘡毒又足部の痛みあるべし從來の病根此時に動き大に發熱することあり速に其因を去るに宜し○二爻の變　睽　痰咳嘔吐の症又上熱すれば下冷か心下安ければ腹より足に難みを生ずるの類藥應じがたし危急なるが如しと雖も回復するものなり蓋し噬嗑は疾醫の卦なるに變じて睽となるは治方の睽きたるを知る即ち誤治の象なり元來噬嗑の卦火の壯んなるに睽も亦火の壯んなる象なれば是れ火の上に火を添ふるの義たり最初の坎の毒を下して頤の象と爲せば平癒すべきを誤治せしが故に睽と爲りたるなり然れども尚坎の毒を去ることを務むべきなり○三爻の變　離　大熱心煩大小便通利しがたく飲食進まず外強くして內弱く吐血衄血婦人は血症危しとす○四爻の變　頤　傷食藥傷或は咽喉の痛み脾胃虛發熱等の症飲食を節し藥養して治すべし○五爻の變　无妄　胸中痞塞し肩背に凝結して痛み頭重くして時々惡寒發熱或は浮腫すべし危篤の兆とす○上爻の變　震　肝氣壯んにして亂症の如く危し醫を易ふるに宜し

☶☲

山火賁

艮宮一世　春平　夏凶
秋吉　冬平

此卦は大陽艮山の下に沒して夜と爲り中夜火を山下に擧ぐるの象中夜火を山下に擧ぐれば火の光り樹木に映じ彩色鮮明の象あり故に名づけて賁と曰ふ賁は文なり飾るなり而して病に在りては日暮より夜に至り發熱或は苦悶するものとす凡そ此卦を得るものは骨蒸の象あり肝積脾胃虚腎虚の象あり上焦は煩悶虚渇し中焦は坎毒痞硬し下焦は虚火熾んにして便秘する等の象あり又下部に濕熱あるの象或は遺毒を受け房欲度に過ぎ脾腎兩虚するものあり小兒は疳婦人は産後の血症なるべし此卦大抵病根深く一病に非ずして彼此の病を兼ぬる意あり○初爻の變　艮　長病にして四支痲痺し脾胃調和せず又腎間の邪解せず小水不利腰痛等の症變じて艮と爲るを見れば憂喜の二山死生相半し永久の困み腰間に在るが如し婦人は多く産後或は氣積傷食の類なり○二爻の變　大畜　兩便不利或は浮腫或は足痛或は口舌及び咽喉の痛み輕きに似て輕からず然れども良醫を得れば治すべし○三爻の變　頤　肝氣亢ぶり心火之に乘

じて盛んに逆上し唇腫れ痛み且腰膝拘急熱あれども發せず危候に迫るものとす然れども食に味ひあらば治すべきの兆○四爻の變　離　大熱心下痞へ苦煩す但時疫霍亂小兒痘疹の序熱婦人血熱の症は危し總べて心神定まらず時々恨み怒りて妄語するもの藥効を得ること少し○五爻の變　家人　内外患ふる所一ならず其氣衰弱し艮の止變じて巽の動と爲る熱に發止ありて胸痛心煩し飲食進み難し少く快きことありと雖も終に危篤に至るの兆○上爻の變　明夷　多くは難治の症又瘡瘍を發することあり凶兆なれども治法宜きを得れば治することあり○因に云ふ凡そ二五の應否を見ることは何れの筮何れの卦にても必ず本卦の應否を主として用ふること是れ通常の規則なり然れども疾病の占にては之卦の二五の應否を用ふることあり例へば今病人に藥を投じて其應驗の有無を試み問はんに其本卦にて二五相應ぜざれども之卦に於て二五陰陽相應ずるときは今日まで藥力徹せず効驗見はれざりしも明日よりして藥効を得べしと見ることあり此二五の應否を見ること大切なり尙疾病の徵候と本卦の卦象と對照し卦爻の轉歩之卦の性情等を熟察して然る後に明斷すべきなり

䷖ 山地剝

乾宮五世　春吉　夏平
秋凶　冬不利

此卦は坤を下にし艮を上にす艮は山なり坤は地なり艮の山夷して坤の地に附き高山落ちて平地と爲るの象又消長に於ては本乾より來りて姤と爲り遯と爲り否と爲り觀と爲り剝と爲り今將に一陽を剝して坤を爲らんとす皆是れ陰を以て陽を消し陽は陰の爲めに削らるゝの象なれば名づけて剝と曰ふ剝はけづるなり盡くるなり落つるなり然れば此卦を得るものは陽虛勞脫の象とす故に氣逆上衝甚だ強く四肢厥冷して夜臥安からず不食にして下利自利等の症あり此くの如きは陽氣次第に脫し去り必死の兆とす然れども變に由りて死中に活を求むるの作用あるべし又脾胃虛弱なるが故に寒熱往來し頭重く肩背強痛或は痿痺するものあり產は安からざるの兆とす○初爻の變　頤　肝氣亢ぶり盛んにして食すれども力なく足痛みて病輕からず或は下利清穀脇胸苦滿し藥を忌む等の症とす良醫を得れば治すべし○二爻の變　蒙　上焦下枯疝癖脾胃虛或は瘡濕血膿の類頭痛瀉利人事を失ひ心氣乏しき症然れども治すべし○三

爻の變　艮　肩背拘急又腰脚重くして物を負ふが如く身體痿痺す是れ脾胃の欝滞に屬す故に脾胃を療して治すべし○四爻の變　晋　壯熱ありて心下痞硬夏時は霍亂の類或は毒瘡疥積上焦眩暈婦人は產後の血症大概不治の症とす○五爻の變　觀　頭痛目眩悪風或は腹中拘急又は心神浮散し言語錯亂危篤の兆とす生を得ること少し○上爻の變　坤　脾胃虛耗上焦吐虛瘡毒に在りては鼻頭缺くる等の症婦人は眩暈嘔吐手足厥冷時として人事を省せず血積凝結の症皆危篤の兆とす又老人に在りては病毒あるにも非ず唯天命の盡きて元氣の日夜に消耗し漸々死期に迫るの兆とす○凡そ病筮之卦に重乾重坤を以て告ぐるときは必ず危篤の兆とするなり其故は乾は天にして氣の積のみ本形あることなし故に无の象とす因て病占に之を忌むなり又坤は地なり地は萬物の生じ出づる處にして又萬物の歸入する所なり故に亦无の象と爲し之を忌むなり加之人身の健康は地天泰の如く三陰三陽にして陰陽相均く二氣升降し其宜きを得るに在り然るに乾坤の如き純陽純陰なるときは其一氣に偏するを以て生活の理なきものとす但老婆の病占に坤を得無病の體と見ることとあり是れ活斷にして坤は大陰老婆當然の卦象と爲すに依る

☷☳ 地雷復

坤宮一世　春口舌　夏凶
秋吉　冬吉

此卦は震を下にし坤を上にす震雷坤地の下に伏藏するの象一陽を以て五陰の下に在り陰極りて陽復る消長に於ては剝より來りて坤と爲り復と爲る之を人事に擬すれば惡を出て丶善に入るの義なれば始め惡しきことゝもあり復吉に向ふの時こす而して此卦を得るものは肝積強く脾土疲勞するの象とす故に病因は肝積と脾胃虛とのもの多かるべし但一陽地下に復還するの卦なれば生氣あるの義とし病は平復するの兆とす然れども反復の義あれば活斷を要す又平生大望を懷き心勞して病ひ再發するの兆あり婦人は氣血衰弱して經行不順なるべし或は病勢の漸々に進むことあり快復に向ふことあり病の新久ご老少の別にも由るものなれば變を見て審斷すべし但即病は速に治すべく又産は安し○初爻の變　坤　氣虛して藥効少く長病久足痛或は身に瘡疥を發するの症多くは治しがたし○二爻の變　臨　心腹疼痛痰咳出で胸中結痛兩脚痿し戰寒あるべし本卦復は數回發りさめの理あり之卦臨は泰に次ぎて無病の象と爲す

卦なれば治方を得て平愈すべし〇三爻の變　明夷　外冷内熱身に斑點を發するもの
あり婦人は血症腰間疼痛夜に入りて甚だしきものあり多く不治の症とす〇四爻の變
震　積塊心胸に迫り悶絶するが如きの兆候とす但震は聲ありて形なきの象なれば或
は疾に托して人を欺くの類あり時に取りて活斷すべし又臨産の占に此爻を得れば安
産の兆とす坤母の服中に震の男子を孕み且之卦の震は兩足を踐みならべたるの象あ
り又震を生氣とす男子安産の象と見るべし但産後の驚きあるを防ぐべし〇五爻の變
屯　心下痞結し頭重く足輕く兩脚攣痛肩背に凝滞ありて長病と爲るべし然れども良
醫を得て治すべし〇上爻の變　頤　脾胃虚損し飲食進まず嘔吐瀉利反復煩悶の類病
輕きものは全癒近きに在り或は手足痿痺するものあり病勢重きものは凶兆病状に由
り活斷すべし〇頤の卦は醫師の象なれば之卦に此卦あるときは良醫を擇み能く醫師
の言に從ひ頤養の道を盡さしむるに在り頤は養ふの卦にして口の象而して大象に言
語を愼み飲食を節するの戒めあれば宜く此意を體せしむべし然れども上爻は卦の終
りなるを以て老人又大患のものに在りては死亡の兆と見ることあり

䷘ 天雷无妄

巽宮四世　春吉　夏平
秋凶　冬吉

此卦は震を下にし乾を上にす震雷乾天の下に在り雷の天下を行く象動くに天を以てし動きて天と合ふ即ち天道運行の象にして夫の四時行はれ百物成る咸く自然の妙用眞誠无妄なるを以て名づけて无妄と曰ふ蓋し人一點の妄なければ天人合一にして至眞至誠なり然れども世間此くの如きの人少なければ此卦を得るときは大抵凶なりとす之を病に見るときは肝積強く亢り胸鬲に衝き上るの象あり氣逆上衝頭眩煩悶項背强痛悪心不食心下痞硬痰涎壅塞等の症候あるべし又心氣亂れ寒熱往來輕症にして治しがたきことあり或は人の壯健を羨み病を發するの萠しあれば愼むべし老人は健忘の類婦人は血分の患にして藥効なかるべし○初爻の變　否　氣欝四支沈重或は疼痛あり又心下痞硬婦人は血虚の症動もすれば危きに至るの兆あり○二爻の變　履　男女を問はず嫉妬欲欝牛亂氣勞の類或は腹内疼痛寒風を厭ふ等の症急に治しがたし○三爻の變　同人　痰火盛んにして大便秘結或は時疫熱病多くは凶兆但し治療の期に

後るゝ意あり○四爻の變　益　天性禀受の虚弱なるもの時候に感じ又父母の遺毒等に依るの疾心下痞硬肝積腹痛等の症終身の難みにして急に治しがたかるべし又之卦の益は病勢の益す象と見るなり○五爻の變　噬嗑　心胸痞塞し飲食下らず寒熱往來して肝積怒張し或は腹痛を兼ぬ然れども治すべし○上爻の變　隨　中風癰腫の類又は痰咳頭痛口中の痛み等とす治療を怠れば大患に至るべし○此卦前に述ぶるが如く天道運行の象にして動きて天に從へば吉否れば凶なるの卦なるを以て正しきに非ざれば眚ありと云ひ世間正しき人少なければ此卦を得るときは過半凶なりとす蓋し動くに天を以てすれば則ち无妄こ爲り動くに人を以てすれば則ち妄と爲る易の戒めを垂るゝこと著明にして六爻の辭皆天命に取る天に從へば則ち福を得違へば則ち咎を得故に爻辭吉を言ひ利を言ひ災を言ひ疾を言ひ喜びを言ひ眚を言ふ初九は卦の主故に吉二爻は當然の理に循ひ利を得るものなり六三は不中不正已れの致す所に非ずして天數の災厄を免れざるものなり九四は剛にして貞を守り自ら咎なきものなり九五は道を以て自ら治め疾ありと雖も其守る所を變せず終に喜びあるものなり上九は卦の終り不正にして行けば眚を得るものなり

䷙ 山天大畜

艮宮二世 春吉 夏凶 秋凶 冬平

此卦は乾を下にし艮を上にす乾は健なり艮は止なり艮の制止を以て乾の鋭進を止むるの象故に名つけて大畜と曰ふ畜は止むるなり又養ふなり其止めらるゝを以て此卦を得るときは身心憂苦あり怒りを含み恨みを懐くの意あり之を疾病に見るときは肝氣亢ぶりて脾土を尅傷し胸鬲に上るの症あり脾胃虚の象あり肝積の象あり煩悶悪心飢飽節なく心下痞硬兩便不利等の象あるべし又腹中塊物ありて刺痛し腰脚酸痛し晝は輕く夜は安靜ならず百事に氣を痛め飲食に忌嫌ひあるべし危篤の如きものも良醫を得て治すべし産安けれども期を延ぶることあり○初爻の變 蠱 風邪に感じ熱甚だしく頭痛破るが如く時々下利して腹中疼痛し加ふるに蚘蟲を以てするの症或は瘡腫膿血の症あり小兒は癇或は胎毒驚風等とす○二爻の變 賁 壯熱ありて大便結燥し又本病に附添する病あり例へば持病と外邪又は腹痛と頭痛瀉血と眼病この類概ね危篤に至るの兆とす○三爻の變 損 痰咳ありて骨節疼痛し咽喉或は腰痛あるべし

然れども漸次快癒の兆とす○四爻の變　大有　向きに治愈の期を誤り是に至りて大患に陥りしもの〻如し壯熱ありて心下痞硬大小便不利吉凶の界に在るものとす○五爻の變　小畜　胸滿して腹皮拘急し痰飲欝積するの兆時々惡風あるべし速に治を施すに宜し○上爻の變　泰　氣虛の症頭面に難みあるべし一旦治愈の兆あれども攝養せざれば再び大患と爲るの恐れあり戒愼するを要す○此卦六爻專ら畜止の義を言ひ初九は剛健の德を懷くも初陽尚微なるを以て能く六四の畜めを受け難を知りて自ら止まるものなれば治療に於けるも甚だ急功を求めざるべし二爻も亦履むこと其中を得時を知るの明ありて其功の遠かに成るべからざることを知り止まりて行かざるものなれば妄りに轉地等を爲すべからず三爻は陽を以て陽に居り志剛にして才強く未だ鋭進の嫌ひあるを免れず唯艱貞にして自ら守り時の可なるを見て進み身を保つものなれば其意を體するに宜し四爻は艮の初めに居り能く乾陽の初進を止むるものなり五爻は柔中にして尊位に居り惡を制するこ道あり柔能剛を制し吉を得るものなり上爻は通顯の地に居り至公の道に體し己れを舍て〻人に從ひ功を成すものなれば此意を體すべきなり

䷚ 山雷頤

巽宮游魂　春凶　夏平
秋吉　冬利

此卦は震を下にし艮を上にす艮は止り震は動く上止り下動き卦の象亦頤に似たるを以て名つけて頤と曰ふ頤はおとがひなり其義を養ふと爲す故に此卦を得るものは危篤の症に非ず能く療養すれば快復すべきの兆とす又艮を手とし震を足とし或は艮を骨とし鼻とし疵とし痛みとし震を肝とし疑とし聲音とし虚驚とすることあり凡そ此卦の症は肝の積氣強く亢りて脾胃を犯し脾胃爲めに尅せられて水穀の消化悪しく胃中に熱を生じて胸膈苦滿し或は煩渇引飲し或は不食することあるへし又中年の人は心氣を勞し小兒は食物停滯の象とす其心勞するは山下の雷動かんと欲して動くこと能はず上より止められて鬱悶するの象あればなり○初爻の變　剝　強て歩行し又は強て好まざる物を食ひ飲むべからざるものを飲み爲めに疾を生ぜしの類故に氣血不順にして身體痿痺手足重く老人は半身不遂等の症凶兆とす○二爻の變　損　內損氣虚毒瘡傷食の餘殃腰下の難みあり速に治方を求めて病原を除去すべし○三爻の變

賁　先きに治候を失ひ此に至りて兩症雜出し外邪は陰陽兩感內傷なれば濕熱に積氣の類頭痛逆上大便秘結腰下に難みあるの症多し○四爻の變　噬嗑　骨硬傷食或は嘔吐食飲不下口中腐爛鼻痔等の症又時氣の障りあり苦むと雖も治すべし○五爻の變　益　風邪に侵され寒熱往來胸脇苦滿足脚攣急等の症早く治せざれは大患に至るべし○上爻の變　復　病症反復して定らず逆上嘔吐頭痛破るが如く又肩背に難みあるべし然れども兩感の症今純一に歸するを以て良醫を得れば治すべし○此卦易に於て醫道に配當すべきの卦なり故に大象に言語を愼み飲食を節するの辭あり上卦三爻は皆人を養ふ所以下卦三爻は皆自ら養ふ所以にして養ふの道は人を養ふを以て公と爲し自ら養ふを以て私と爲す自ら養ふの道は德を養ふを以て大と爲し體を養ふを以て小と爲す故に初二三皆口體を養ふ私にして小なるものなり四五上皆德を養ふを以て人を養ふ公にして大なるものなり人を養ふと自ら養ふとに論なく之を要するに皆正しきを得るを以て吉と爲す初二三は皆凶にして四五上は皆吉なり蓋し全卦養生の道を言ふものなれば病筮に於けるも能く此意を體し爻辭と卦象とに對照して患者の經過を審かにすべきなり

䷛ 澤風大過

震宮游魂　春吉　夏平
秋凶　冬平

此卦は頤に反し巽を下にし兌を上にし四陽中に積みて陽の大なるに過ぎ又巽木を以て兌澤の中に在り水は元木を養ふものなれども樹木を澤中に涵し入るれば其養ひ大なるに過ぎ却て木を害するが如く全體より見るときは剛陽盛んなるに過ぎて運動すること能はざるの象あり故に人に於けるも肢體肥重して轉運すること能はざるの意あり又四陽中に居り下に根抵なく生氣已に斷へ上に附屬なく枝葉既に凋む故に死亡の象とし又棺槨の象とするなり然れば此卦を得るものは即病を除くの外定めて大患と爲す即ち肝の積氣強く脾土水穀の消化を失ひ腐敗の液胸鬲に滿ち溢れて項背に引き痛みを發するの象あり又腎虚の象あり脾胃虚の象あり中風の象あり脹滿の象あり心下より臍旁に連なりて硬物を生じ難むの象あり一を執りて論ずべからず婦人は血塊鼓脹經行不順又脚氣腫滿の兆あり〇初爻の變　夬　吐瀉の症或は筋骨疼痛痰喘促迫して浮腫あり病勢轉變の兆あり即病は治すべしと雖も長病は吉を得がたし蓋し傷

食の類多く自ら殃を招くものなればなり○二爻の變　咸　腰脚疼痛時々吐逆し咳唾多く心下痞し寒熱の往來あり小兒は脾虛の類良醫を得て治すべし○三爻の變　困　多房の致す所腰脚冷痛下利或は痔疾淋疾等の難みあるべし婦人は血症治方を怠らざれば長しと雖も治すべし○四爻の變　井　心下に毒あり且濕氣を兼ぬるの症小腹冷痛或は耳口の難みありて長きに亘るべし○五爻の變　恒　四時感冒發熱或は宿疾の積氣胸腹疼痛等とす長きも治すべし○上爻の變　姤　寒熱往來ありて頭痛烈しく或は大に悪寒し或は下利して危篤に至るの兆とす○此卦棺槨の象あり又死亡の象あるを以て大病人等には往々此卦を得ることあり然れども其病症を審かにするときは必死の者を救ふことあり例へば大過の三爻を得て困と爲る其症は痲疹後に逆上して亂心せしなり斷じて曰く是れ醫師の處方を誤りしものにして即ち大なる過ちなり困は口の中に物ありて出づることを得ざるが故に困むなり此卦坤の腹中に大なる物あるの象故に坤の腹中の物を瀉下せば治すべしと爲し下劑を與ふべきことを示し之をして全快せしめしことありと云ふ此類治を誤れば殆んど棺槨に入らんとするものなり神にして明にするは其人に存すと謂ふべし

☵☵ 坎爲水

坎水八純　春吉　夏凶
秋凶　冬吉

此卦は坎の卦を重ぬるを以て亦坎と名づく坎の卦たるや一陽を以て二陰の中に陷る陷れば必ず難むことあり其相重なるを以て進むは固より險退くも亦險困みの上に困みを加ふるの象とす故に此卦を得るものは病毒あること尤も甚だしく食毒の象あり水毒の象あり疼痛甚しくして濕氣深く中焦に熱あり腎虚の象あり脾胃虚の象あり天刑病の象あり何れも容易ならざるの症とす又坎を血と爲す腫物膿血等の意あり此病一朝一夕の故に非ず假令ひ速病といふと雖も其由りて來ること既に深く急に治すべからざるものとす○初爻の變　節　痰咳嘔吐飲食進まず心下留滯あり宿水化せず水氣次第に害を爲し四支冷痛危篤に赴くの兆あり○二爻の變　比　雨濕又水毒酒醬の傷れ或は水虚吐瀉腫脹二便の困み腹中煩悶して力なく寒熱往來する等の象凶兆とす○三爻の變　井　嘔吐下利或は兩便不利遂に欝積して腰下に浮腫を生ずる等多く不治の症とす○四爻の變　困　心脾の虚脱心胸の痛み又身體倦怠四支痿痺の兆あり難

治の症とす〇五爻の變　師　氣血共に虚衰し身體痿痺或は胸背痛み或は寒疝等危篤に至るべし〇上爻の變　渙　寒熱往來吐瀉血暈の類又口鼻の氣臭く瞳子散ぜんとするの兆危し〇此卦前に述ぶるが如く八卦に於て既に病の卦なれば諸事に渉りて其病の在る所を推究するを要す或は血結びて物を成さんとし或は神氣陷溺して沈々たるの類或は痰飲の變或は兩便に係る病又坎を耳と爲せば耳鳴り聾の類耳後結核等又腎に配するを以て夢交ご取り遺精と取り或は淋病下疳又は腎虚ご爲すの類廣く通考すべし又坎を隱伏と爲せば臥して起つこと能はざるの象あり又憂悶氣欝の象あり水の象より取りて水腫の象あり泄瀉の象あり經水の變適斷適來等の意あり內癰の象あり喘息盜汗等の象あり坎を節多しと爲すよりして骨節疼痛等の象あり又膀胱所屬の疾と見ることあり或は痔瘡と見ることあり蓋し坎は下に通ずるの穴なきを以てなり又坎腎は血と骨とに屬するより齒痛の象あり疝痛の象あり又坎を鬼と爲す故に鬼祟と爲すことあり易固より一を執りて論ずべからず必ず卦爻の變ご象とを考へ又其病の因る所を審にし其の方に依り將に死せんごするものを救ふて生に趨かしむべきなり

☲☲ 離爲火

離火八純　春凶　夏吉
秋疾病　冬不利

此卦は離の卦を重ぬるを以て亦離と名づく離の卦たる一陰を以て二陽に麗く離は麗くなり火の物たる氣ありて形なく物に著きて其形を見はす故に離を火と爲し人心も亦火と爲す離は明を取り人心も亦其明を取る心も亦形なく麗く所ありて神を發すればなり然れば此卦を得るものは第一に心臟の疲勞するものとし又血虚の象あり火熱壯んなるの象あり煩悶苦滿の象あり悪心不食の象あり煩渇引飲の象あり女子は兩乳に熱ありて痛みを發し乳汁腐敗するの象あり總べて病に發作往來ありて或は眩暈し眼目痛み憂悲して心氣を勞するものとす此くの如く種々の支症あれは本病を見定め難く治候を見ることと遠し○初爻の變　旅　時候の侵す所濕熱ありて心神定らず四支沈重腰脚痺痛し長きに亘りて危きに至るものあり但痢するものをよしとす○二爻の變　大有　煩渇して兩便利せず腰脚腫痛あるべし又傍證あれは腹脹するものは凶兆○三爻の變　噬嗑　肝氣壯んにして躁がしく發狂するものゝ如く又飲食通ぜず譫語

妄語危きが如しと雖も治方宜きを得れば治すべし〇四爻の變　賁　心脾の虛脱より心胸に痛みあり又一の別症を生じ一方治すれば一方難むの類又四支痲痺の患ひあり或は晝間少しく快く夜間大に困むものあり長きに亘るものとす〇五爻の變　同人　一目已に盲し又一目を盲せんとするの類或は心肺迫切上衝し或は浮腫し危篤に至るものとす〇上爻の變　豐　頭痛眩暈又心臟の難みありて多く救ひ難きの兆とす〇此卦罔罟の象ありて飛鳥羅網に羅るの象あり故に人も不慮の疾病患難に遭ふことあるの時とす而して六爻を通觀すれば初爻を始と爲し火の始めて燃ゆるが如くなれば疾病に於けるも初爻の時は猶輕し速に治を施して之を撲滅すべし故に爻辭に之を敬すれば咎なしとあり二爻は中正にして日の正に中するが如し故に元吉と云ふ病勢進むと雖も治方を得れば吉三爻は內卦の終りに居り其明將に沒きんとす日の將に夕ならんとするが如し老人に在りては凶とす四爻は內外二卦の間に介まり火勢炎上するが爲めに其苦み甚だしく突如來如焚如死如棄如の辭あるを以て多く救ふべからざるが如し五爻は外卦の主盛んなるに憂ひ危きを防ぐときは吉を得るものなり上爻は卦の終りに居り離運已に盡くるを以て凶なり

䷞ 澤山咸

兌宮三世　春吉　夏平
秋凶　冬平

此卦を得る人は風邪感冒の象あり時疫傷寒の象あり中暑中寒の象あり瘧痢の象あり痘瘡麻疹の象あり黴毒の象あり脹滿の象あり留飲の象あり外虚內實の象外寒內熱の象あり又疾毒心肺を犯すの象皆具はれり故に經過を詳悉せざれば容易に判定し難し但危篤の病人に在りては命期短促の兆とす又壯年の人は色情より發する病證にして氣欝し或は四時の感冒より發して胃を傷ひ痰咳盜汗等あるべし小兒は先天の餘毒頭瘡小瘡又は痘瘡等輕きより重きに至るの時とす○此卦を得るときは全體傷寒と時疫と瘧痢と麻疹と黴毒と感冒等の諸象を具ふるを以て其病狀を審かにし然る後に判定せざれば誤ること多し○初爻の變　革　此卦三陰三陽を具足するを以て一體は壯健の人なれども今初爻を得れば下部に熱あるの兆とす下部の離火より肺金を尅するを以て口中に痛みを生ずるものとす又口中苦く煩渴して大小便不利又衄血等あるべし下部の熱を去りて治すべし又醫を易へ藥を改むるに宜し○二爻の變　大過　虚勞の

症にして氣欝し容易に藥効を奏せず身體倦怠し漸々危きに至るの兆とす〇三爻の變萃　感ずる所一ならず或は發狂するものあり但小兒は疳勞飲食停滞し腸鳴下痢の類老病宿痾或は少く効を得るものありと雖も終に治しがたし〇四爻の變　蹇　冷濕の氣を含み腰足痛疼し又腹痛し心下に毒あり坎血結びて心氣陷溺し腎氣損して盗汗等あるべし病長きに亘りて危し〇五爻の變　小過　本卦の咸は疾患心肺の上に在りて已に危き徴あり變じて小過と爲れば小過は大坎の象即ち大險にして震雷の兌澤より衝き上るなれば必死の兆とす又此病夫妻離別の憂ひより來るものあり病症は氣欝血積腰痛濕毒等とす〇上爻の變　遯　肺氣上升し病上部に在り咽喉口瘡舌疽等又頭面は浮腫すべし又病勢は日に壮んにして加へ増すの兆是れ陽爻の加はるなれば元氣は次第に遯れ去らんとす又上爻變ずるときは兌の口塞がるを以て不食と爲り絶食して死に至り救ふべきの道なきものとす〇此卦六爻象を人身に取り拇腓股は皆下體に屬し心脢輔は皆上體に屬す六爻皆應ずと雖も皆靜を以て吉と爲し動を以て凶と爲す初爻は足の拇なり二爻は腓なり三爻は股なり四爻を心の位とし五爻を脊背とす此義亦知らざるべからず

䷟ 雷風恒

震宮三世　春吉　夏凶
秋凶　冬平

此卦を得る人は震巽二木の肝氣欝結して積氣大に亢ぶり痛み甚だしきの象あり氣逆上衝項背強く拘攣し或は急痛することあるべし又脹滿久痾の意あり根氣漸々に疲れ自然に衰弱するの時とす蓋し恒久の疾にして四支沈重眼目昏朦するものあり婦人は產後經行に關するものとす○初爻の變　大壯　乾金を以て震木を尅し上躁ぎ下塞り小兒は驚風大人は中風或は物に觸れ傷れを受くるの類永久の困みにして死せずと雖も急に治しがたし又足肚痿痺起行する能はざるの意あり足に浮腫あるときは危し○二爻の變　小過　小過は大坎の象濕氣を滞び四支痿弱すべし又坎は大險なり此時死生の岐に在るものとす治候を誤れば危し○三爻の變　解　肝木の積氣強くして脾土を尅し脾土に食毒を生じて腎水を尅し腎水遂に枯れて火熱を生ずるの兆とす熱氣妄行して或は進み或は退き一旦は平愈するも再感の恐れありとす○四爻の變　升　此卦本泰より來る故に患者は壯健の人なりしに偶ま大に驚くことありて心思を勞せし

が爲めに震巽の肝積甚だ亢ぶり胸鬲に上升し拘攣急痛するものとす又本卦震の生氣たる主爻は消して陰と爲り巽の氣は地中に陷るの象たれば一身浮腫するの象終に危篤に至るべし〇五爻の變　大過　本卦恒は久しきの義あり之卦大過は過つことの大なる義あり然れば醫師の治療も應ぜざること知るべし又卦爻の轉歩を以て考ふれば一陽爻の增したるを以て病勢の增加せしものとす危篤の兆と見るなり但徵候は厥冷して水腫泄瀉婦人は經水の不巡又內癰等の症とす〇上爻の變　鼎　肝膽共に邪氣に覆はれ更に一層の枝症を添へ尤も危險の時とす病症は寒熱の往來ありて逆上頭痛眩暈等なるべし〇此卦諸事久しきに亘るの時にして百事速かなるに利しからず序に循ひて漸く進み功を成し志を遂ぐるの意あれば疾患に於ても久くして後に治するの意あり又雷と風とは日を終へざるの象あれば或は時と事とに依り影跡もなく消亡する意もあり　激雷怒風の象なれば駭き惶るゝの意あり又震巽共に木なれば次第に蕃榮するの意あり時と事とに隨ひて斷ずるを要す但雷風の二物至動至變と雖も其極を究むれば雷の聲を發する其候を爽へず風の物を噓する各其時に應ず未だ嘗て失ふことあらざるの義を知るべし

䷠ 天山遯

乾宮二世　春吉　夏凶
秋平　冬凶

此卦を得る人は肝氣欝積し虛氣上衝するの象とす痰涎湧盛にして喘息氣急煩悶の象あり頭痛眩暈肩背拘攣夜臥不安の象あり上熱下冷清穀下利胸脇苦滿心下痞硬小腹虛耗等の象あり又健忘疝積の類婦人は經水不順にして下部に病毒あり又產後の發病憂苦に迫り心氣を勞し下焦の氣循環せずして足痛痿痺等を患ふるものあるべし但此卦病占に在りては凶兆多し然れども長病に之を得るときは或は危きを遯れ快愈に向ふことあり元氣の虛脫を戒むべきなり○初爻の變　同人　心脾の二臟に虛熱ありて兩便共に通利しがたく又藥用時宜を失ひ將に危篤に陷らんとするの兆あり早く良醫の治を請ふべし○二爻の變　姤　遯も姤も共に陰長じ陽消するの卦にして大概は凶兆とす然れども否と爲らずして姤と爲るを見れば一陽を下に加ふるを以て陽長ずるの義あるが故に良醫を得れば治することあるべし但其症は邪氣皮膚に流注し半身不遂或は痛風歷節風便毒或は打撲損傷等なるべし○三爻の變　否　上盛んに下虛し常に

暗處に向ひ欝々として樂まず頭痛目疾或は身體麻痺する等の症あるべし然れども急に死するものに非ず○四爻の變　漸　腹痛又手足の痛みあるべし蓋し脾腎の虚損より心下痞硬し飲食停滞するものとす但病勢は次第に進むの時なれば速に施治すべし○五爻の變　旅　長病或は老人に在りては氣積頭痛上焦下虚眼目昏蒙心氣散亂下痢等の症あり皆危篤の兆とす百死に一生を得るものなり蓋し精神を勞するより欝悶し氣血自然に虚衰するものとす但乾外に在ると艮内に在るとの卦は頼みあるものなれば醫藥を擇むべきなり○上爻の變　咸　痰咳頭痛氣逆上衝等の症とす吉凶豫め定め難し○此卦遯にして陰氣下より次第に長じ陽氣は次第に遯れ去るの卦なれば疾病に在りては不吉の兆とす然れども前に凶にして後に吉なるの卦なれば困難の極に當りて此卦を得るときは難み解くることあり又此卦上卦は乾健にして斷然捨て去るの象あり下卦は艮止にして之を戀ひ留むるの意あり故に下卦は上卦の吉なるに如かず蓋し遯るゝものは遠きを嫌はず愈上りて愈吉なり四爻は超然として遠く遯れ五爻は貞を以て自ら守り遯れて吉を得上爻は遯れて俗を離れ更に吉なるを見るべし

䷡ 雷天大壯

坤宮四世　春凶　夏平
秋平　冬吉

此卦を得る人は陽氣偏に勝れたる處の性なるが故に肝積強く性急短慮にして其氣を使ふこと烈しきが爲めに一身攣急し發狂亂心等の象あり痰涎湧盛項背強痛の象あり心下痞硬し煩悶して氣逆上衝するの象あり脚氣衝心の象あり此卦危候多きに居り病勢大に壯んなるの義もあれば忽せにすべからざるなり婦人は妊娠の初發等なるべし○初爻の變　恒　意氣鋭進して其量を顧みず或は酒食度なく色欲節なく終に勞損して元氣を銷爍し發熱惡寒して筋骨疼痛し腰足掣痛するの類とす又傳染病の兆あり婦人は經行不順痛腫あるの症とす早く治せざれば大患に至るべし○二爻の變　豐　心肺の病にして凶兆熱に往來ありて小便赤く澁り大便通じがたく臍腹に痛みあり漸次重症に至る急病は最も危し○三爻の變　歸妹　坎の食毒四爻胸鬲の位に當り腐敗の膠痰と爲りて止り居るの象あれば咽喉の痛み痰喘或は傷食嘔吐の類とす婦人は産後の餘殃生涯の困苦を殘すものとす速に治を施すに宜し○四爻の變　泰　伏邪内に在

りて神氣昏亂し顛狂を發するの類或は腹痛氣虚を兼ぬるものあり虚を補ひ邪を解するに宜し〇五爻の變　夬、熱亂中風傷食積聚の類或は兩眼痛み兩便秘澁痰咳急迫嘔吐或は胸膈苦滿四支厥冷肩背強急等の症あるべし多くは危篤の兆とす〇上爻の變

大有　頭痛發熱上衝或は眩暈等時氣に感じて發するものは速かに治を施すに宜し重病急症に至りては危亡の時とす〇此卦又大兌の象なれば兌の卦に云へる所を合せ見るべし是等は時に臨み症に由りて活斷するの用に供すべし又三四五に坎あるは難みなり而して四爻坎の主爻を去れば全卦地澤臨と爲る臨と爲れば泰に近くして先づ平復するの象とす故に之卦をも見合せ或は此四爻の難みを除き去ることをも務むべし

蓋し此卦內剛にして外動き其勢ひ壯盛なれば患者は急速に治愈を欲し劇劑をも用ひんとするの意あるべし然れども陰方に位を得れば未だ遽に逼るべからず剛強恃むべからず進むこと躁なるべからず徐々として治療するに宜し然るに初爻の如きは勇往直前して退くことを知らず故に凶なるものなり二爻は中を得るを以て其正を失はず故に吉なるものなり四爻は乾を出でゝ震に入り陽を以て陰に居る故に吉にして悔亡ぶ此義亦合せ見るべし

䷢ 火地晉

乾宮歸魂　春吉　夏凶
秋平　冬吉

此卦を得る人は脾胃虚の象あり中卦九四の坎の食毒欝結せしより遂に上部に熱を生ぜしなり脾胃の濕氣强く水穀の分利宜しからずして下部に浮腫を發するの象あり又發熱上衝胸鬲煩悶心下痞硬小腹軟弱の象あり煩渇引飮して却て下利するの象あり夏時は霍亂小兒は胎毒等の徵とす一體陰を以て陽を包むの卦なれば心火亢ぶりて食事を忌み嫌ふことあり女子は産後頭痛翻吐四支沈重等のものあり此卦を得て死亡するもの少からず〇初爻の變　噬嗑　心火薰蒸し臍下常に疼み或は肝氣盛んにして亂症の如く物に觸れて或は怒り或は駭く等の症あるべし又前年物に驚きたるより發するものあり治方は急功を求めず徐々として元氣を助くるに宜し〇二爻の變　未濟　隔日に進退する瘧疾の類或は淋病瘡毒の餘殃眼目昏曚眩暈の類脚部に痛ある等飮食を愼み嗜欲を節するに利し〇三爻の變　旅　元氣衰弱し腰脚重く身體倦怠或は小腹冷痛して盜汗出て耳目昏冐精氣涸渇するの症戒愼せざれば大患に至るべし〇四爻の變

剝　酒色度なきより生ずる所の疾眞氣勞損し胃中壅熱四肢困憊女子は月經期を愆
り或は產後の血症皆輕症に非ず危きに至るものとす○五爻の變　否　頭面重く上實
下虛胸腹痞滿して眼目明かならず或は浮腫となるべし又長病は治に向ふの時とす○
上爻の變　豫　火氣上焦肺金を尅し或は血亂欲欝盲聾四支沈重傷食腹疾の類重きは
治し難しと雖も輕きは治すべし但治を怠れは危し○此卦初爻の變の如き耳口等にか
ゝり耳も聞へず口もゆがむ等のことあり其故は中卦坎を耳とし坎水にして坤土の爲
めに揜はれたるの象より見るなり口のゆがむは耳に關すればなり是れ皆離火の炎上
にて燥かさるゝものにして初爻變じて震と爲れば震木も亦必ず火氣につきて進み上
るべし此くの如きは降氣の藥を用ふるに在るなり又二爻の變の如き足の浮腫するも
のあり是れ上卦の火は上り進み下卦の坤は土にして濕氣あり虛冷なるに今坤變じて
坎と爲れば益下部に水氣あるとを見る患者中年以後の人なれば上熱下虛の病にして
難治の症なるべしと雖も壯年にして身體堅固なれば服藥怠りなく調理法を得る時は
平復する事を得べし此卦は大體吉なるが如くなれども病に在ては凶多しと知るべし

䷣ 地火明夷　坎宮游魂　春平　夏凶　秋凶　冬吉

此卦を得る人は胃中に坎の毒と離の熱とを有し胃の充實せる象とす心下痞硬し腹中急痛し煩渇引飲大便秘結し小水不利等の症あるべし又發狂亂心するものあるべし重患のものに在りては大概不祥の兆とす或は瘡毒腫物を兼ね發熱頭痛眼目昏迷するものあり婦人は血虛の症病根既に深きものとす○初爻の變　謙　濕毒內に在りて將に外に發せんとし又腹肚力なく脾胃に鬱滯あり老人は氣虛中風の類長病にして危し○二爻の變　泰　腹滿浮腫足痛或は頭痛眩暈等の象あり又悪腫あり老人は凶壯者は治すべし○三爻の變　復　盲聾の類或は往來反覆の意ありて症候屢變ずることあり凶兆醫藥を轉ずるに利し○四爻の變　豐　積聚上衝して腹中刺すが如きの象あり或は鼓脹治療を怠れば危し但年久しき病は治することあり○五爻の變　既濟　陰陽相交り其症晝夜に變じ旦暮に甚だし鬱邪盛んに溢し將に一身に亢せんとす危篤の兆なり○上爻の變　賁　邪氣甚だしくして一身に亢す病狀危篤の兆或は瘧疾顛狂のものあ

り○此卦姙娠を占ひて二爻を得るが如き本卦は坤の腹中に離の女子を孕むの象之卦泰は離火變じて乾と爲り乾は圓滿の象時は深秋に當れば深秋に至りて女子を產し無事なるべしと云ふことあり又病人を占ひ同く二爻を得本卦坤を腹とし離を熱とし坎を痛むとすれば腹に熱ありて痛むの象之卦泰に由れば離火の主爻を變じたるを以て解熱劑を用ひて治すべしと云ふことあり然れども長病の老人を占ひ二爻を得るが如きは凶なるものとす其故は本卦明夷已に明地中に入るの象にして之卦泰は健全無病の象なるに今長病を占ひて泰に之くが如きは疑はざるを得ず蓋し乾の老父地下に入るの象乾は深秋なれば秋に至りて死すべしと判することあり病人の死生を占ひ三爻を得るが如き之卦復なるを以て通常復の卦名に泥み必ず快復すべしと云ふなるべし然れども是れ大に然らざるものあり其故は本卦の明夷を捨てゝ唯之卦復の卦名のみを取ることゝ又九三の一陽滅じて心の爻の消滅するに心づかざると粗畧と謂はざるを得す元來明夷は傷るゝの卦にして離日坤地の下に沒するの卦復は一陽の人坤の地中に復り入らんとするの象なれば必死と判するを至當なりとすべし是等皆活斷に必用なることとなり

風火家人

巽宮二世　春吉　夏凶
秋平　冬凶

此卦を得る人は肝欝の積氣強く胸鬲に衝き逼り脾胃中には水毒横たはり下部には熱盛んなるの象あり故に項背強く悪心煩悶腰腹疼痛し胸中苦滿の症あるべし是れ腰間に濕毒あればなり又婦人は經行不順の滞りあるべし又前疾已に愈へて後病再發すること多し其故は明夷に繼ぐを以てなり又外に在りて病を受け家に歸りて發するものあり壯年の人は酒色過度に因り内傷又は心氣を損するの類とす〇初爻の變　漸　四支沈重して痲痺す固より濕氣を兼ねたるの症にして寒熱の往來あり或は脾胃利せず痢疾と爲るものあり漸は進みて反らず故に遺言して死するもの多し凶兆とす〇二爻の變　小畜　心氣欝滞して安からず痰飲又足腫れて重く行歩に難むの象あり婦人は經閉或は妊身の兆〇三爻の變　益　風邪熱を生じ肝火肺金を尅し耳鳴目眩或は腹内痞塞脚氣水腫の象あり種々の變症を呈すべし長病は治しがたし〇四爻の變　同人　痰火に因り腹脹して痛み或は浮腫と爲ることあるべし壯年の人は虚勞して危し〇五

爻の變　賁　舊病再發或は痰積頭痛逆上老人は半身不遂にして危し病候一變すること
とあり○上爻の變　既濟　發熱惡寒晝安靜なれども夜重し或は陰陽兩感の症凶兆と
す婦人は血崩難治の症重病は死すべし○凡そ病を占ひ必死の象あるものは救ふ能は
ずと雖も必死に非ざるものは之卦にて大患に至らんとするの時之卦にゆかしめず本
卦の象の中にて之を斡旋し全治せしむるの方を求むべし例へば病因及び治方を占ひ
此卦の四爻を得たるが如き之卦同人と爲るときは陰氣不足し必ず大患と爲るを以て
同人と爲らざる間に治するを要するが如し蓋し家人の卦は益より來り益は否より來
る否は乾父上に位し坤母下に位す即ち父母の定位なり其父母交りて益と爲る其益の
時坎の一毒來りて此家人の象となる其坎の一毒は即ち父母の遺毒と爲す故に此病因
は遺毒より生ずるものとし積氣強くして腹痛惡寒等あるものとす是れ坎の痛みと離
火の熱あればなり而して坎の毒を去るの藥を用ひ此毒を解するときは元來益の卦に
在る震巽の肝膽健かにして快癒すべしと判するなりかくするときは同人と爲らずし
て治することを得若し治方を忽せにし同人に之かしむるときは大患と爲るべきなり

☲☱ 火澤睽

艮宮四世　春吉　夏平
秋平　冬凶

此卦を得る人は骨蒸勞瘵の象あり亂心發狂の象あり胸鬲に毒と熱とあるの象とす又氣血不順の象あり下焦に兌の腐敗留飲あり上焦に離の熱あり中焦に坎の毒あり乾の氣を以て坎の毒を包みたるの象あり濕毒上衝して口中痛むの象あり氣逆上衝の象あり卦名よりすれば不祥の兆と見ることあり然れども大抵九四坎毒の主爻を除き去れば六二六五の離熱も併せて除去することを得べし是れ一擧三得の利あれば遺却すべからざるなり病者平生の氣に偏僻あり寒暖暑濕をも厭はずして遂に不正の氣を受け且醫療に於ても亦誤治して藥の應ぜざる意あれば殊に注意すべきなり○初爻の變　未濟　寒濕合併して下部の疾を爲し或は頭痛發熱惡寒甚だしく咳嗽痰涎等の症あるべし女子は欝塞して氣病を發するの類都べて藥功を見ること遲し○二爻の變　噬嗑　熱氣積聚胸痛或は食傷吐せず瀉せずして煩悶するものあり良醫を得れば治すべし○三爻の變　大有　熱ありて大便閉結し身に浮腫ありて體重く痿弱して危篤に陷る病

困の極とす○四爻の變　損　虚損熱焦多く淫酒の破る所或は咽喉の患不正の氣の侵す所中風疫癘打撲金瘡の類危險の極とす○五爻の變　履　痰飲胸間に在りて或け痞し又面部浮腫ありて眼目に難みあり又瘡毒の兆一旦治すとも再發の患あり○上爻の變　歸妹　欝氣積聚痰喘兩便閉或は毒瘡の餘殃咽喉を敗り鼻頭を傷け邪火炎々として頭目昏冒し骨肉羸瘦するの象あり又發狂の象あり共に不治の症とす○病占に此卦の上爻を得るは離の心の命根消へて震の陽氣天に歸り去るの象又離の體は澤中に入り震の氣は上り去るの意あれば必死にして治術なかるべし又初爻を得るが如き之卦未濟と爲る既濟も未濟も二卦共に熱と毒と一爻はさみにして相混ずれば其治方至て施し難きものと爲すなり此卦互卦に重離あり坎あり離の明多く視て傷れを爲し坎を心病と爲す故に疑ひを生じて相睽くの象とす然れば此卦を得るときは人心乖き違ひ百事成り難く疑ひの爲めに事を破るの時なれば病に於けるも此意を體し疑惑を去ることを務むべし然れども物そむきて後に相合ふの理あり例へば氷を以て熱を消し火を以て寒を溫むるの類是れなり易の變化窮りなければ虚心平氣にして活斷すべきなり

䷦ 水山蹇

兌宮四世　春吉　夏白如
秋吉　冬疾病

此卦を得る人は脾肺の間に毒あり熱あり故に胸脇苦滿悪心煩悶咳嗽甚だしく不食等の症あるべし胃熱強く臂肘攣痛するの症あり遺毒の爲めに身體屈伸し難きの象あり飲食過多にして胃中に食毒を生じ熱を釀せる象あり二坎を以て一熱を包める象あり此くの如くなれば起臥安からず常に憂苦ありて病久しきに亘るべし蓋し勞役に過ぎ元氣を耗損し或は房勞に依り或は生物を多食し或は厚味に饜きたるに原因するものとす○初爻の變　既濟　困學して心志疲勞し或は思慮を勞することありて發する等の疾にして肩背痛み發熱して渇し二便通じがたく下血衂血等あるべし又少く快きことあるも再發する意あれば戒愼を要す○二爻の變　井　風濕或は脚氣の類速に治せざれば大患に至ることあり○三爻の變　比　脾腎に濕熱を畜へたるを以て虛弱の人は溫補の劑を服するに宜し全く内傷の症にして疝積腰痛等あるべし早く治せざれば危し○四爻の變　咸　氣虛腎虛或は物に感じ易く又悲哀多くして精氣耗損し痰飲腹

脹等の患ひあるべし又思想遂げず嗜欲窮らず遺精夢遺等の象あり早く治せざれば危きに至るべし○五爻の變　謙　上部に水毒ありて肺と脾との間に熱を包める象あり故に身體倦惰し肩背強急等の症あるべし然れども淸肺解熱の劑を用ふれば平復すべきなり○上爻の變　漸　頭痛發熱風邪を兼ね病狀の困み此に至りて極ると雖も快復すべきの兆とす○此卦姙娠の有無及胎兒の男女を占ひ三爻を得るが如き男子を孕めるものと爲す此卦は坤の體中に離の女子を包める象にして即ち包卦の一なり然れども之卦比なるを以て比の九五の一陽勢力至て強く且卦中少きものを以て主とするの義を取り坎の男子と見定むるなり若し本卦の蹇を以て姙娠を告げ又其女子なることをも告げたりとすれば之卦比は無用なり故に本卦にて姙娠を告げ之卦にて男子を告げたりと知るべきなり是れ所謂る著情を知るものなり又胎兒の男女を占ひ此卦の五爻を得るが如き女子と判するなり本卦蹇は坤の腹中に離の女子を孕めるの象五爻の變ぜしは月數を告げたるものと知るべし但疾を占ひ此卦の五爻を得れば坎の主爻消亡するを以て疾を除くものと爲せども大病人なるときは元氣の衰へ疲れて危篤なるの兆とするなり

䷧ 雷水解

巽宮二世　春平　夏吉
秋凶　冬不利

此卦を得る人は肝欝の積氣强く脾腎の二臓を虚疲せしの象とす腹中に離の熱あり二坎の毒を以て一熱を包むの象あり故に胃中に食毒と水毒ごを有するの象とす又疝積の象あり滞食して吐瀉を得るの義あり蓋し患者飲食起居節なく勞役過度或は房帷の致す所又冬日寒氣を受け春夏の候に至り欝熱を發するに因るもの多し此卦輕症に在りては解け去るの義あれども長病に在りては不祥の兆とす○初爻の變　歸妹　氣血倶に虚し煩燥して發熱し或は骨節疼痛四支微冷し兩便秘澁して小腹重く又咳嗽を發すべし長くして危しとす○二爻の變　豫　稟受虚弱にして肝木偏勝し脾土是れが爲めに尅せられ運行凝滞腰足痿痺するの症なるべし速に治すれば癒ゆべし○三爻の變　恒　風邪積氣に因りて痛みを生じ或は熱の往來あるべし又食傷霍亂等の兆あり久しきに亘るも治すべし○四爻の變　師　腎氣虚して心氣勞れ脾胃に濕熱ありて邪氣上冲し或は眼病となり或は風邪脾肝に入り膈氣通ぜず中風に類するものあり婦人は

血虚の症なるべし産は安からず〇五爻の變　困　頭痛甚だしく又咳嗽心煩あり病狀重しと雖も治に向ふの時とす蓋し心痛より發するの症とす〇上爻の變　未濟　氣血倶に虚し腫痛寒熱往來甚だ危篤の時とす然れども此時を保ちて少時を過ぐれば快癒を得べし〇此卦は震雷上に在り坎雲下に在り雷雨作りて天地欝結の氣解け萬物の生機始めて達するの象其難を爲すものは坎にして其難を解くものは震故に名づけて解と曰ひ病を筮して此卦を得れば病の解け去ると云ふ象義あり又命根の解け去る義あり又包卦の象より陰の内に伏在するものと見ることあり又二寒一熱と見ることあり是れ互卦に坎離あるを以てなり此等の義亦知らざるべからず又人事上よりすれば初爻は難の始めて平らぎたる時にして唯咎なきことを求むるのみ二爻に至れば難已に除き貞吉を得るものなり三爻は難み消すと雖も寇を以て寇を致し自ら咎を取るものなり四爻は難み未だ全く解けずして尚人の相助くるを望むものなり五爻は能く心を以て相爭し難を爲すものをして退かしむるものなり上爻は積惡未だ靖からざるものあるを以て威武を以て之を除くものなり之を統ぶるに小人難を爲して君子之を解くものとす

☶☱ 山澤損

艮宮三世　春平　夏吉
秋吉　冬平

此卦を得る人は多謀過慮にして大に心思を疲勞し或は危懼險難の事に遭遇して精神を苦しめ氣虛損耗の象あり心肺の二臟疲弊の象あり肝脾腎の三臟虛損の義あり坤の血乾の氣に包み揜はるゝの象あり血虛の象あり肝木を以て脾土を尅するの象あり氣逆上衝又は不食の症あるべし脾胃中に腐敗液の留滯するものとす小兒は脾胃虛疳𧏾等の症なるべし平常食物に注意すべし厚味は必ず害あり又婦人は月經期を愆るに依るの症多し〇初爻の變　蒙　病根已に深く泄瀉下血吐血衄血の患ひあり又瘡毒腫物に變じ長病にして危きに至ることあり但遽に治方を求めて怠らざれば長きも治すべし〇二爻の變　頤　內損傷折咽喉の痛み又は痰喘嘔吐腹痛或は上焦下枯邪火內に攻め長きに亘る多くは不治の症とす又孕婦は凶〇三爻の變　大畜　腹脹積聚左腹に塊を生じ腰痛あるべし速に治を施さゞれば元氣耗損して他の症を併發すべし長きも治す〇四爻の變　睽　長病の兆思慮過多なるが爲めに人に心氣を損せしより起る所積

氣胸鬲に突き塞り肩背に凝りて痛むべし且氣血の不順なるよりして動もすれば半身不遂等の症を發することあり艮醫の治を得て恢復すべし○五爻の變　中孚　風邪發熱し心煩頭痛し身體倦怠或は戦慄し或は動氣あるべし凶兆多きの時とす○上爻の變

臨　心氣を勞して得る所の疾假令ひ一旦治癒するも再發の意あれば戒愼すべし老人は凶兆○病因と治方とを占ひ此卦の四爻を得るが如き先づ損の卦は本泰より來るものとして病因を察し治方を計るべし此人思慮の多きより泰の時乾變じて兌の毀折と爲り毀折の氣上に衝きのぼりて損の上爻の邪毒と爲り艮の肩背に止まり又中卦震の肝積は脾土を尅傷す況んや思慮多くして脾土を破れるの人なれば脾の勞役殊に甚だしく水穀の消化宜しからずして分泌當を得ず坎の飲食の毒脾胃中に欝滞し其毒より上焦中焦の二つの熱を生じ之卦睽と爲り氣血背き違ひて不順を爲し終には半身不遂の症と爲るに至る故に治方は先づ睽の九四坎毒の主爻を取り去るときは上焦と中焦との離の熱も共に消し本卦損の體に復すべし然る後多く降氣の藥を服せしめ上爻艮の主たる所の積氣を徐々と鎭墜せしむるときは終に泰の卦の健全に復するを得べしと云ふなり

䷩ 風雷益

巽宮三世　春凶　夏平
秋凶　冬平

此卦を得る人は天禀多疾にして外見は壯健なるが如しと雖も其中は柔弱にして肝氣亢ぶり脾土を勞せしめ胃中に熱を包むの象とす外熱内冷の象あり氣逆上衝頭痛惡心心下痞硬煩悶不食等の象あり元氣虚損し病毒益盛んなるの象あり蓋し震と巽との二肝木を以て坤の脾土を尅するが故に口中等常に腫痛するものあり此くの如きは脾胃の濕熱を消除することを務むべきなり但婦人は經行に關し産後の難みあるべし○初爻の變　觀　脾胃の氣和せずして逆上頭痛眩暈等あり或は腹痛痢病寒熱往來して一身悉く痛み呼吸促迫するの症速に治を施さゞれば危し○二爻の變　中孚　濕氣を夾み痰咳ありて咽喉急迫或は發熱足痛浮腫の患ひあり地を易へて治するものあり婦人は概ね懷胎とす○三爻の變　家人　熱強くして飲食進まず煩燥苦悶して危きに至るの兆あり婦人は妊娠の兆とす○四爻の變　无妄　脾虚して肌肉滿たず大風苛毒虚に乘じて入る驚怖熱亂痛腫支體困倦し心志鬱塞するの症藥力及ばず自ら愈ゆるの時を

待つべし〇五爻の變　頤　臟氣漸く和し飲食少しく進むと雖も腹中力なく又胸背手足に難みあり危しと雖も治すべし〇上爻の變　屯　濕毒水腫或は頭重く又は頭痛陰陽の氣侵奪して寒熱往來し耳目昏冒して心氣陷溺せんとす或は瀉痢便閉の類不治の症に陷るものあり戒愼を要す〇此卦は頤の體中へ九五の一陽爻入り來りて種々の變症を爲せることを知るべし而して震巽の二肝木を以て脾土を剋するが故に病を生ずるなれば務めて脾胃の熱を除き去るべきなり又病筮に家人の卦を得たるとき其病症を審にし或は此益より來るものあるを知るときは益の病因治方をも併せ考へて斷ずべきなり此卦又天地否より來るものにして否の時初六往きて四に居り九四來りて初に居るの象即ち上を損して下に益すものなり而して泰は無病壯健の象なるに否は泰に反すれば病筮に此卦を得るときは其人初めより健全ならず或は多病の人なることを知るべし又婦人の病を占ひ此卦の二爻を得るが如き震變じて兌と爲る產後の餘殃と見ることあり再發して支體衰弱し危きが如しと雖も中孚は孚信の卦なれば至誠を以て神助を求め且本卦益は遷改に宜きの象なれば醫を易へ居を轉ぜしめて治せしことあるなり

䷪ 澤天夬

坤宮五世　春平　夏吉
秋福德　冬吉

此卦を得る人は肝欝の積氣強く肺の位を攻め衝くが故に腐敗液上に溢れて胸鬲苦滿し心下痞硬頭痛眩暈煩悶惡心肩背強攣等の症多かるべし又脚氣衝心の象あり亂心發狂の象あり老人及び重き病人には凶兆とす病輕きに似て終に危篤に至るもの多し又臨産に此卦を得れば障りなしと雖も産後を愼むことを要す○初爻の變　大過　爲すべからざるの事を強ひて爲し之が爲めに生ずる所の病なるべし氣積欝悶或は打撲損傷瘡腫の潰決等大患に至るものあり又死せずと雖も不具の破敗あり○二爻の變　革　發熱上衝して二便閉息し頭痛甚だしく或は瘧疾等危篤の兆とす又血症の患ひを防ぐべし○三爻の變　兌　中風口角邪曲手足拘攣言語不明の類又は瘡腫決膿傷食中毒の類長きに亘るべし○四爻の變　需　冷濕に感じ腹痛ずるの象あり又大人は氣欝又下部の疾小兒は蟲症とす速に治せざれば凶兆○五爻の變　大壯　鬱氣積聚胸背逆痛急に治せんと欲すれば必ず不虞の變あるべし思慮を省き靜養するに宜し○上爻の變

乾　病症の如何を問はず必死の兆とす○上爻を得て必死と爲すものは夬は決なり乾は无なり今病人決定して无なれば死と斷ずるなり又姙娠の實否及び胎兒の男女を占ひ此卦の三爻を得るが如き夬は決定の義なるを以て姙娠に決ずるものとし之卦の象よりして女子なりとし夬は三月の卦なれば出産は三月にして安産なるべしと云ふ安産とは兌の悦びより言ふなり又病因及び治方を占ひ此卦の五爻を得るが如き患者平生壯健にして年齢も亦壯なるものなれども大食暴飮を好むより病を生ぜしものと判するに其症は痰涎ふさがり氣息喘急すと云ひ卦象と符合するを以て吐劑を服して膠痰を吐かしめ其後は降氣劑及び調胃劑を服すべきことを敎へて治せしものあり但し夬の卦は普通の患者に忌むものなれども此患者は病勢盛んなると共に其年も元氣も同く壯んなれば先づ吐方を以て痰涎を除き之卦の大壯に至らしめず漸々に調理し終には九四の爻を鎭めて泰の健全に復せしむるの術なり然れども各人皆此くの如きことを得ず小兒の病を占ひ同く此卦の五爻を得るが如きは食傷或は時候より來るの症痰喘壅盛して死に至るもの多し是れ亦知らざるべからず卦爻一を執りて論ずべからざるなり

天風姤

乾宮一世　春不吉　夏疾病
秋吉　冬半吉

此卦を得る人は肝欝の積氣上に亢ぶり肩背強痛頭痛眩暈悪心煩悶不食等の象あり風邪の初めて犯せる象あり積氣の始めて發せる象あり圖からずして病を發せる象あり總べて上實下虚の症とし婦人は血虚産後の患あり男女共に年わかき人は氣勞の症こす又脚膝痲痺して力なく身痛み眞氣不足にして病勢甚だ烈しく濕熱熾んに肺金將に憊れんとするものあり或は濕毒内に伏して脱肛痔疾又は陰痿或は婦人子宮虚冷にして種子なき等のものあり○初爻の變　乾　病症定らず或は妖氣靈祟又は奇病等否れば女色禍を爲すもの兩便利せず或は浮腫終に危篤に至るものあり○二爻の變　漸　燥熱して下利し支體倦怠或は浮きたるが如くにして足地に著かず又胸背の難み手足痿痺することあり治療を怠れば急變あるべし○三爻の變　訟　傷食時疫瀉痢小腹力なく疝痛の類久しくして治せず又下疳便毒吐血等の象あり○四爻の變　巽　身體倦怠腹痛あり病態進むが如く又退くが如し急に藥効を得がたし○五爻の變　鼎　脾胃

虚損積聚便閉浮腫寒熱往來又頭痛眩暈するとあるべし凶兆なりと雖も能く加養すれば久しくして後に治すべし○上爻の變　大過　痰咳頭痛醫藥効を奏せず治を忘れば危ふきに至るべし○此卦は事の善惡を問はず卒然として思ひよらず相遇ふの卦なれば病に於けるも都べて此意を以て斷ずべし例へば病因及び治方を占ひ此卦の四爻を得るが如き斷して曰く其初め風邪感冒たりしが其邪氣を早く發散せざりしより今や裏面に入りて熱を發せるものとす之卦の重巽に父母の遺毒ある象あり其遺毒又邪熱の爲めに動かされ腹中に蟲を生じたるの象なり且本卦の姤も之卦の巽も共に二五の應を見ざれば從來の藥は凡て皆應ぜざれば其醫藥の効なきこと知るべし故に宜く醫を易へ方を改めて治すべし且蟲を除き毒を解することを忘るべからずと云ひしに果して此くの如くなりき又婦人の疾を占ひ初爻を得るが如き巽の乾と爲るを見れば破れを補ふものたるを以て産後の病惡露盡きずして一身微腫する等良醫の治を請へば治するものとす又同く婦人の病にして三爻を得るが如き過淫或は産後血亂天水相背き男子に離るゝ女の類久くして治し難く死に至るものあり其人に依りて活斷すべきなり

䷬ 澤地萃

兌宮二世 春吉 夏口舌
秋平 冬平

此卦を得る人は元來脾胃虛弱にして水穀の分利宜しきを得ず腐敗せる留飲胸鬲に盈ち溢れて惡心煩悶頭痛項强痰涎湧盛等の諸症を見はすべし又積氣の萃る象あり時々下利する象あり小兒は脾虛して疳證を發し病態長きに至らん或は惡瘡濕瘡の類發膿して治すべし此卦の大旨祖先を祭り神靈を享するに在り故に神を祈りて福を求むるに宜し○初爻の變 隨 性質虛弱なるを顧みず嗜欲心に任せ爲めに脾胃を損せし象あり故に肝氣亢ぶり或は怒り或は恐れ足の拘攣する症あるべし口腹の欲を省き靜養するに宜し○二爻の變 困 患ふる所一ならず腎氣薄くして根氣なく腰痛或は下部冷痛し陰囊拘攣又は傷食腹痛二便の患ひ婦人は產後の難み大患と爲るものあり然れども生路なきに非ざれば良醫を得て治すべし○三爻の變 咸 腐敗の留飲胸に上り萃り逼る象あり變じて咸となれば平愈の兆あるが如くなれども少しく快ければ禁戒を守らず飲食を愼むこと能はずして妄食するが故に疾增長して危篤と爲るものとす

何んとなれば坤の脾胃の上に一陽の食毒塞り止りたる象あるを以て其病は原に返りて壯勢と爲り元氣は次第に衰ふるの象凶兆とす又色情より生ずる疾もあるべし○四爻の變　比　腹中和せずして心下痞硬し或は瘡腫疼痛の苦み又血瘀水腫の類婦人は半産敗胎等とす地上に横臥するの象あるを以て病勢強く治方を得がたし○五爻の變　豫　肝氣盛んにして脾胃衰へ氣剛にして體弱く肩背強痛等の症あるべし是れ危篤の兆とす此卦二陽外卦に萃り内卦は坤の空虚と爲る所謂る上實下虚の象今變じて豫と爲るときは九五の君主たる陽爻消し元氣は天に升り歸らんとするの意あれば死亡を免れざるの兆とす○上爻の變　否　風氣頭痛飲食進まず胸下痞するの象危險の意あれども急に死せず却て日を永くすれば平愈の期あるべし○胎兒の男女と臨産の安否と産期とを占ひ此卦の二爻を得るが如き斷じて曰く胎兒は男子にして午前六時うまるべきも必ず死すべし其故は坎は夜陰の象其數は六なれば午前六時なりとす然るに萃變じて困と爲れば坎の子兌の西方の陰位へ行くの意あり又中卦離の日兌の澤中に入るの意あり故に子の必ず死することを知るなり是れ等時に臨み本卦と之卦とに依りて活斷するなり

☷☴ 地風升

震宮四世　春吉　夏吉
秋平　冬平

此卦を得る人は性來元氣薄弱にして震巽の肝積亢ぶり脾土を尅するが故に水穀の消化悪しく遂に胃中に熱毒を生じ氣逆上衝肩背攣痛頭痛悪心胸脇苦滿煩悶して夜る睡ること能はず飢飽不節等種々の徵候を呈すべし又疝毒の症あり發狂の象あり腐敗の留飲甚だしきの象あり總べて輕きに似て漸々危ふきに至るの時とす〇初爻の變　泰　上焦頭痛嘔吐又大便閉結して四支厥冷し足痛浮腫し非常の困みあるべし然れども陰陽未だ缺けざれば急に死することなし但病輕きに非ざれば戒愼を要す〇二爻の變　謙　積塊心下に上り攻め脚氣なれば衝心の兆又腰脚疼痛身體痿痺の症あるべし危篤の時とす〇三爻の變　師　發熱上焦傷寒傷食或は痞積嘔吐の類又痔疾脫肛下血等の症あるべし病勢劇甚にして吉凶兩岐の時とす但急に死せず又此象に在りては病なくして病ありと稱し詐るものあり〇四爻の變　恒　肝鬱の積氣強く腹脹り痛み或は雷鳴すべし坤を勞役とし物思ひとし巽を氣とし肝積とす心に思ふことありて其氣伸

ぶることを得ざりしより生ずる所の疾今變じて恒と爲れば常恒の疾と爲りたるもの
なり故に思慮を省き升提の劑を服するに宜し又急變を戒むべし○五爻の變　井　留
飲肩滿胸痛又は耳目の疾等とす一旦快方に赴き再發する意あり或は高きより墜ちて
魂を喪ひ或は恃む所を失ひて憂悶疾を發するものあり長きに渉りて危し○上爻の變
蠱　癇症の如くにして氣亢ぶり躁しかるべし巽を肝積とし氣こし艮を胸とし止る
とす是れ肝積の亢ぶりて脾土を尅し尙進みて胸鬲に衝き上り心肺の位を攻むるが故
なり又慾心萠して遂げず欝症を爲すものあり肩背凝結するものとす多くは凶兆○此
卦を得るときは性急にして心を勞する意あり是れ長病にして醫藥にあきたるなり又
眼病にかゝるものあり此卦三爻を得るが如き眼病にして心下に積聚あり頭痛嘔噎時
ありてむなさわぎするものなり眼病ありといふものは下卦に伏離ありて上卦に坤あ
ればなり蓋し坤土を以て離の目を掩ふを謂ふ又小兒の疾を占ひ此卦の上爻を得るが
如き尤も凶兆と爲すべし第一本卦升の象巽木地下に在るを以て容易に發し難きの意
あり變じて蠱と爲れば破敗の象にして危篤の兆本之兩卦の内卦木なれば甲乙の日を
危しとするなり

澤水困

兌宮一世 春吉 夏凶
秋平 冬凶

此卦を得る人は生來腎臓の力弱く膀胱の維持堅からざるより腎水枯れ易くして脾胃土は水の滋潤する助けを失ひ爲めに水穀の消化宜しきを失ひ腐敗の留飲を生じ虚火脾腎の間に起り此留飲に伴ひて胸膈に攻め上り頭痛眩暈悪心煩悶胸脇苦滿心下痞硬小腹急痛五心反熱夜臥安からず肩背攣急等の諸症を發すべし又精氣大に虚損せし象あり痢疾の象あり婦人は經行の不順産後血虚四支麻痺し夜る寢ねられず飲食進まずして病長きに亘るべし又患難困窮の辛苦より發する病もあり○初爻の變 兌 舊來の宿痾再發するもの痰咳嘔吐或は痔疾下血及び骨節の痛み婦人は赤白帶下崩漏等困苦甚だしきの兆○二爻の變 萃 酒毒の傷み或は傷食又は口中腫痛眼目昏盲等輕きに似て危し又多食して饑ゆる象あり婦人は妊娠悪阻の兆○三爻の變 大過 大便閉塞腹部又は足に浮腫あり或は眼耳の患ひあり風邪を兼ぬるものとす速に治せざれば危し○四爻の變 坎 心病狂亂或は鬼祟の類永久の困みあるべし又水腫毒瘡膿血等

多くは不治の症とす○五爻の變　解　腎虚の象痰喘又は肝積等とす困は兌澤の水滲漏し乾枯するの象之卦の解は雷水下降の象なれば治方を得れば治すべし○上爻の變　訟　欝氣亂心婦人は產後の難み等とす多くは困乏の致す所然れども困窮りて通ずる意あれば治すべし但速に治せんことを求むべからす元氣を助け靜養するに宜し○九歲の女子の疾を占ひ此卦の五爻を得蓋し少女は父を喪ひ悲嘆の餘り痩せ疲れて食欲を廢するに至りしなり斷じて曰く本卦の困は兌澤の水の漏下して澤中に水なきの象之卦の解は雷水下降の象なれば腎虚の象なりとす九歲の女子にして腎虚と云ふこと疑惑する者あるべきも此女子天稟の賦受腎氣弱くして膀胱の維持固からず小便頻數なるが故に其小便に連り精液流下せしこと卦爻に顯然たり即ち困は腎水涸るゝの義解は膀胱の維持解緩したるの象なればなり然れども治方を得れば快愈すべしと云ひ其後適當の藥を服すること三十日許にして肌肉肥滿し皮膚光澤を生じ堅固の體と爲れり又胎兒の產期及び男女を占ひて五爻を得るが如き解の卦は離の女子を孕むの象筮せし月は一月にして五爻を得たるなれば五月に至り女子を得べしと斷ぜしなり

水風井

震宮五世　春凶　夏災
秋吉　冬凶

此卦を得る人は肝欝の積氣強くして脾土勞れたるが故に水穀の消化悪く胃中に食毒
を生じ熱氣に伴ひ其毒胸鬲に攻め衝くの象たり頭痛悪寒發熱眩暈悪心煩悶肩背拘急
腰足攣痛心下痞硬等の症あるべし又下利の象あり腐敗留飲の象あり脾胃に濕熱ある
の象あり腫物瘡毒の象あり無益の事に心を勞し憂苦して病を得るの象あり○初爻の
變　需　小病欝氣頼む所を失ふ等より生ずるの疾或は風邪寒熱四支沈重上焦傷食嘔
吐口痛眼昏等の類危きに至ることあれども需は飲食保命の道なれば良醫を得て治す
べし但破敗を得ること水にあれば愼むべし○二爻の變　蹇　巽を氣とし坎を水とし
毒とし痛むとし曳くとす腰の攣痛して起居不自由なるの症あるべし今蹇に變ずるを
見れば治するも長し速に脾胃の濕毒を除くことを務むべきなり○三爻の變　坎　陰
病痼疾夜に入りて快からず或ば凶夢を見ること多く又腫物を發することあり多くは
酒毒より來るのもとす婦人は産後の瘀血浮腫便閉疼痛腰間に在り或は毒瘡血膿の災

死せざるも長し〇四爻の變　大過　痰喘急迫して腹脹浮腫或は吐瀉止まず婦人は妊娠又血症男女ともに治し難し今變じて大過と爲るなれば大過と爲らざるやう早きに及びて之を救はゞ或は治することあるべし〇五爻の變　升　病根下に在りて其氣升り衝き頭痛嘔吐飲食下らず座臥安からず時に亂走するの類危篤に至るべし〇上爻の變　巽　頭痛發熱身體倦怠風濕邪熱の症病輕からざれども治すべし〇男子の病を占ひ此卦の二爻を得るが如き斷じて曰く此患者食を受けざるの意あり是れ艮を以て坎の食を止むるの義又風邪内に止まりて外に發せざるの意あり巽風變じて艮と爲り之を止むればなり又醫藥の應ぜざる象なり二五の應なきが故なり又後には行步必ず不自由となるべし其故は本卦井は養ふの卦之卦蹇はいざりの象井變じて蹇となるは是れ養ひ足らずしていざりと爲るの義なり又婦人の病を占ひ四爻を得るが如き斷じて曰く此患者は幼年の頃より枉げ抑へられ氣血鬱滯して不順なるより生じたる病にして骨節疼痛することあるべし猶井の水を汲まずして水の腐敗したるが如き意あり今變じて大過と爲れば坎に坎を重ねたる意にして全卦大坎と爲りたれば速に治療せざれば危きなり

䷰ 澤火革

坎宮四世　春凶　夏平
秋凶　冬吉

此卦を得る人は天稟の賦受薄弱にして氣血共に不足し柔軟なるものとす病狀定らず其症は身體枯痩して神采を失ひ咳嗽甚だしく顴骨に微紅色を見はし盜汗多く或は寒熱して口渇し飲食進まず大小便秘澁し吐血下血等の難みあり婦人は血虚男子は氣虚を兼ぬるが故に漸々危篤に陥るものとす初發に在りては救ひ得ることあれども長きに至れば概ね不治の症とす○初爻の變　咸　腫瘡血膿の災又伏邪發動して瘟疫癘疾と爲り或は濕熱脾胃に入りて黃疸と爲るの象あり治するも長し○二爻の變　夬　心熱盛んなるの象危篤の兆とす乾を骨とし離を心とす離の熱乾の骨を焚くの意あり又兌を肺と爲す離火を以て肺金を灼するの意あり又兌を澤とし水とす水は血なり火を以て血を乾かすの意あり今變じて夬と爲る是れ澤水を決して離火を消すの象水火互に相尅し離の心火を失ふ必死の凶兆とす○三爻の變　隨　革の卦元より大病の象にして隨も亦不祥の兆咽喉傷食腰痛又は眼目昏蒙等の症あるべし良醫の治を請はゞ治

すべし○四爻の變　既濟　腹痛又は咽喉の痛み或は膿血の患ひ色情より虛症と爲るものとす凶兆○五爻の變　豐　豐盈怠慢女色の害より虛損するの象元氣衰弱し頭痛發熱終に大患に至るべし○上爻の變　離　欝火發熱頭痛あり凶兆或は熱盛んにして傳染するものあるべし○三十餘歲の女子の疾を占ひ此卦の初爻を得斷じて曰く是れ妊娠にして飲食味なく四支倦怠し時々嘔吐の意あるべしと其人曰く三十餘年未懷孕せしことあらざれば妊娠せしこと如何んと曰く此卦舊きを革め新たなるに從ふ之卦咸に男女精を攝ふの象あれば懷孕疑ひなきなりと後果して然り○此卦困より來る時窮し世困み幸にして困を出でゝ井に入る井は養ふなり必ず先づ其の元氣を養ひ既に成りて後に改革に從ふべし故に井の卦革の前に在り革は故きを去るなり鼎は新たなるを取るなり新たなるを取るは必ず先づ故きを去る故に鼎は革に後る革の下卦三爻は文明にして革め革事已に成る上卦三爻は革めて悅びを成す革の事唯其當を求むるのみ而して革むる所以のもの夫時を得るを貴ぶ天地未だ春ならずして夏を革め未だ秋ならずして冬を革むること能はず四時の革まる皆夫の時に應ずるなり

䷱ 火風鼎

離宮二世　春口舌　夏吉
秋凶　冬吉

此卦を得る人は飲食節なく或は色欲過度等の爲めに氣血衰敗して病根と成り心火盛んにして眞氣疲れ腎水枯渇し或は欝々として喜怒悲愁し常に動悸強く腹裏快からず腰脚痛み或は變じて中風と爲り又性質懶惰と爲り行歩收らず壯年にして廢人と爲るものあり但一時の輕症に在ては風邪感冒時疫等の象あり○初爻の變　大有　吐瀉腹痛積聚脹滿上焦歯痛又兩便秘澁酒損食傷の類病む所一ならす難治の者多し但孕婦の如きは吉○二爻の變　旅　嘔逆脹滿兩便不利手足痿痺等心痺の虚より生ずる所危篤に至るべし○三爻の變　未濟　脱血脹腫或は中風便閉の類未濟は憂喜相半するを以て危篤なりと雖も少く日數を經れば吉を得ることあるべし○四爻の變　蠱　腹痛或は痿痺或は腫物瘡毒又は蚘蟲等の症反掌の間に不言の恐れあり戒愼を要す○五爻の變　姤　痰飲胸鬲に迫り或は腹痛便結頭重くして悪寒あり速に治せざれば危し又死せざるも永久の難みと爲るべし○上爻の變　恒　頭痛上逆肝欝の症治すれども久し

きに亘るべし○病筮に此卦の上爻を得斷じて曰く肝積の氣強く胸に熱多くして逆上すべし目にも患ひあるの象然れども鼎は新たなるを取るの象恒は常なれば醫藥を易へて常に復すべしと云ふ又女子の疾を占ひ三爻を得斷じて曰く虛弱の質腹痛の意あり是れ醫藥の適せざるなるべし本卦鼎は故きを去り新たなるを取るの象なれば醫藥を改むるに宜く又之卦未濟の互卦は既濟なり陰陽合體して鼎に實あるの象なれば必ず妊娠なるべし故に妊娠の手當を爲すべしと云ひしに果して然り又孕婦を占ひ此卦の初爻を得斷じて曰く鼎は寶器なり是れ必ず貴族の正室大有の富貴を極むる人にして生子も亦家を繼ぎ祿を有するの男子なるべし火風相助けて調和烹熟するが故に大體吉なれども鼎は溢れ易きを以て愼重なるを要すと果して此くの如くなりき○此卦初爻は鼎を倒まにして否穢を去り潔きを致すものなり二爻は初爻の後を承け徐かに物を其中に實て五味を和するものなり三爻は內卦の木と外卦の火と兩皆中を過ぎ木火迅烈にして鼎中沸騰し激烈に過ぐるものなり四爻は鼎中の實多きに過ぎ鼎の足折れて凶なるものなり五爻は鼎の主にして吉上爻は鼎德の終り大吉にして利しからざることなきものなり

䷲ 震爲雷

震宮八純　春　旺夏平
秋平　冬半吉

此卦を得る人は大肝積の象なるを以て疼痛危急の徴候あるべし又劇しきときは發狂の如く迫るときは氣を失ふことあり心下常に痞硬し脾肺も爲めに犯され勞るべし一身の筋膜拘攣して種々の癖症を併發すべし又飲食の嗜好も一方に偏し平日の動作も偏癖あるものなり物に觸れて或は怒り或は悲み或は駭くの類なり　婦人は乳病經水適來適斷等外症重しと雖も調養宜しきを得れば治すべし○初爻の變　豫　足よりして腹に拒み氣壯なりと雖も體は自然に衰ふべし又脚氣衝心の兆あり治方を怠るべからず○二爻の變　歸妹　熱氣甚だしく痰咳胸痛或は吐瀉あるべし多くは色情の想思遂げず鬱氣發動するものとす急に治しがたし○三爻の變　豐　熱盛んにして大便利せず或は狂走高歌する等危險の候あれども良醫を得れば治すべし○四爻の變　復時疫瘧疾或は腹痛の類又再發の疾輕きものは快復すべし○五爻の變　隨　痰喘壅盛危しと雖も治すべし○上爻の變　噬嗑　熱亂上焦或は咽喉の疾齒痛の類傷食酒損婦

人は産後血亂中風腫瘡等とす危急の兆あれども良醫を得れば治すべし○病因及び治方を占ひ此卦の二爻を得斷じて曰く本卦震に怱忙の理あり俗事の爲めに心氣を勞し氣欝肝積と爲り又時氣感冒の象あり之卦の歸妹も亦輕症に非ざるなり然れども震の兌と爲るのみなれば生氣を失はず故に死症に非ず能く調攝することは漸々平愈すべしと云へり○此卦上下皆雷聲ありて形なく其來るや急速にして觸るゝ處摧破せざるなし故に恐懼の象あり病に於けるも先きに危くして後に吉なるもの多し六爻の義各其時に應ず初爻は震の主能く事に臨みて懼れ事に後れて樂み恐れて福を致すものなり二爻は初爻の剛に乘るを以て厲きことあるものなり三爻は内外の交に居り内卦の震未だ止まずして外卦の震又來り畏懼して安からざるも僅に災を免るゝものなり四爻は震の陽威巳に盡き泥中に陥りて自ら拔くこと能はざるものなり五爻は外卦の中に居り内震乍ち往き外震又來り往來厲しと雖も尊位に居り其執る所の事を失はざるものなり上爻は震の極恐懼修省して咎なきを得るものなり四は初に如かず二は貝を喪ひ五は事あり二は五に如かず上の征きて凶なるは三の行きて眚なきに如かざるなり

䷳ 艮爲山

艮宮八純　春吉　夏凶
秋吉　冬病

此卦を得る人は卒中風の象あり瘍腫の象あり婦人は經行不順の象あり熱血膣に入るの象あり大概不治の兆とす蓋し起居節なく酒色に溺れ或は心を勞し力を盡して元氣勞れ脾胃衰へ穀氣和せず遂に病根を生ずるものにして常に人に對することを厭ひ欝々として樂まず精神昏々として陽氣退き止むの時とす○初爻の變　賁　發熱逆上大便通じ難く小水秘澁し又吐血下血等の象あり醫師亦治を誤るの恐れあり或は身體浮腫し危きに至るの象あり又壯健にして病ありと僞るものあり○二爻の變　蠱　風濕を兼ね脚氣瘡毒腫物痛風等總て危篤の症とす但小兒の蟲症は治療に由り治すべし○三爻の變　剝　腰痛筋縮氣血欝滯或は病症變して始と同じからず身體手足共に痿痺するものあり上逆下虛速に治せざれば危し○四爻の變　旅　憂苦ありて氣虛上衝し或は卒中風と爲るの症艮の身は消へ離の魂は外に出でゝ旅行するの象なれば必死の兆とす○五爻の變　漸　肩背四支拘痛して胸滿ち氣促るの象急に治せず○上爻の變

謙　長病ご爲り痿壁の患ひと爲るべし○病筮に此卦の四爻を得るが如き卒中風にして不治の論なく必死と斷ぜしことあり是れ艮の身は消へ離の魂は外へ出で旅行するの義なればなり又他の患者を占ひ同じく四爻を得斷じて腫物ご爲し同く死病と爲せしことあり其故は中卦の震を氣ごし艮を止むとす今本卦の重艮は止められて止るものなり變じて離火と爲り熱を生ず是れ腫物を生ずるの象凡そ人身は氣血順行するとは健全無病なれども若し氣欝し血止るときは必ず毒と爲りて熱を生じ熱生ずるときは必ず熱して腫物ご爲る例へば夏日水を止むれば腐りて蟲を生ずるが如く而して其腫れたる處は左の脇腹腋下なるべし上艮を手とし下艮を腰とし四爻は左の脇下に當るが故なり卦象を按ずるに施すべきの治術なく亦治すべきの藥なし是れ必死の症なりご云ひしに果して此くの如くなりき又老人の病を占ひ此卦の三爻を得之卦剝なれば多くは凶と斷ずるものなれども是れ大に然らず蓋し氣血欝滯して腹心に塊を生ぜしも今や一山己に平らぐ攻撃に利あるの兆剝は故きを去りて新らしきを生ずる意あり醫藥を易へて必ず全功を奏すべしと云ひ此言の如くして治愈したり是れ皆活斷なり

䷴ 風山漸

艮宮歸魂　春吉　夏吉
秋吉　冬不利

此卦を得る人は肝鬱の積氣強く亢ぶりて脾土を尅し尚進みて胸鬲に迫り衝くが故に頭痛眩暈氣逆上衝肩背攣痛等の症あるべし又脾土尅せられて水穀消化の機を失ひ食毒脾胃の中に生じて離熱を釀せり爲に惡心煩悶心下痞硬小腹攣痛夜臥不安等の諸症を發するものあり此卦漸にして漸々に進むの象なれば病勢もいつとなく進むの意あり早きに及びて治せざれば救ふ可らざるに至らんとす○初爻の變　家人　發熱頭痛口渴便秘等の症あるべし親屬の中和せざるが爲めに憂鬱して病を爲す支體漸々羸瘦して危きに至るの兆とす○二爻の變　巽　風邪又飲食過度より胸鬲脹痛燥熱或は皮膚腫痛する等輕症に似て輕からず早く治を施すべし○三爻の變　觀　欲を縱にして精を損し行歩に足弱く或は盜汗等ありて心氣怠惰し又眩暈頭痛腰痛等輕きものは治すれども重きものは死すべし○四爻の變　遯　腹脹或は臍下に痛みあり危き意あれども治候を失はざれば治すべし○五爻の變　艮　胸間痞塞小兒は脾虛老人は痿痺し

て中風の如く長病にして危し但婦人は經閉なるべし○上爻の變　蹇　肩背强急腰脚濕痺結毒等都べて長病の兆良醫を得れば治すべし○一婦人の背痛甚だしきを占ひ此卦の上爻を得斷じて曰く漸は山上に木を植えたるの象にして漸次に長ずるの義あり又之卦蹇は山上に水あるの象其水艮に止められて腐るの意あり故に植えたる木が腐水に浸されて止めらるゝの義之を人身に見るときは艮を腰とす是れ腰より上の病坎を水とし血とす腐る所の血は必ず腫物と爲る其發する處は必ず風門の邊なるべし早く外科の治を請ふべしと示したり又少年の病を筮して三爻を得るが如き輕症なれども金錢に窮し病に托して父兄を驚かし憐みを乞ふの意なるべしと斷じ的中せしことあり漸は由りて來る所あるの義觀は游觀の義あり是等に考へて活斷せしものなり○此卦病筮には好まざる卦なり其故は歸魂にして又漸進するの義將に死せんとするを大漸と曰ふ故に凶多し而して初爻の安んずる所を得ざるは應なくして進むこと能はざるなり三の安んずる所を得ざるは德なくして進むこと能はざるなり四は剛に乘じて德あり安んずべし上は高きに過ぎ其德猶則るべし二五中正を以て相應ず故に獨り吉なり

䷵ 雷澤歸妹

兌宮歸魂　春凶　夏吉
秋凶　冬吉

此卦を得る人は貪欲頓急の義あるを以て必ず房欲度を過ぎ妄食節に超へたるより脾腎の二臓先づ虚損せるなり又肝臓は腎水の滋潤こ脾土の肥養こを失ひしより大に亢ぶりて胸鬲に侵し逼る故に下部には腐敗の水毒あり中焦には離熱と坎毒こ互に侵し凌ぎ上體には震の肝積横たはるの象あり黴毒の象あり宿水濕熱を醸すの象あり婦人は産後又は小産等の後經行滯りて終に發狂するものあり百治即効を見がたきの時こす○初爻の變　解　多淫妄食暴飲等より瘡毒或は腰痛脚弱等を發するの象歸妹は泰より來るの卦なり泰は陰陽相交るの象其陰陽の交り度に過ぎたるより乾の氣は缺けて兌の毀折こ爲り坤の血は破れて震の肝積と爲り即ち歸妹の象を呈す今變じて解と爲れば腎水漏洩して枯渇し肝木を養ふこご能はず故に肝氣亢ぶり筋骨の維持解脱するの象とす溫補の藥を服し房事竝に飲食を愼み戒むべし否ざれば終に治すべからざるに至る○二爻の變　震　咽喉の痛み痰喘氣血欲欝或は眇目蹇足等ありて大患の上

に小疵を加ふるの兆其勢甚だしと雖も亦久しからずして治するものあり又傷食嘔吐中毒の意あり○三爻の變　大壯　腰脚の難みありて水腫の兆肺肝妄動して邪氣上騰し病長くして急に治し難し○四爻の變　臨　咽喉の痛み又は乳癌瘡腫の類土を以て口を塞ぐの象なれば大概凶兆とす○五爻の變　兌　胸中及び咽喉を塞ぎ痰咳等の難みあり輕きに似て危し○上爻の變　睽　肺火盛んにして頭痛するの症治しがたし○地天泰は無病壯健の象此卦泰より來り泰と異なるものは三四二爻の相易るのみ然れば病筮に此卦を得るときは三四二爻の易りて病を生ぜし原因を求め三四二爻をして元の地位に復し泰たらしむるの方針を取るべきなり此三四二爻の相易るものは泰は陰陽相交るの象なれば房欲過多にして震の長男兌の少女と交り是れよりして許多の疾を生ぜしものなるべし又水毒下部に集り肝經に伴ひつくときは必ず寒疝の症を爲し腰脚疼痛して行歩に艱むべし之卦に依りて多少の異同あれども先づ本卦に對しては患者をして滋養物を食し溫補の藥を用ひ嚴に房事を禁じ妄食を戒め其症に由り或は半年一年乃至二年の後始めて泰の健全に復すべし此義知らざるべからず

䷶ 雷火豐

坎宮五世　春吉　夏平
秋凶　冬平

此卦を得る人は肝欝の積氣強く亢ぶりて脾土を剋し尙進み上りて胸鬲を攻め塞げり故に氣逆上衝強くして肩背強痛し頭痛目眩悪心煩悶心下痞硬し四支攣痛等の象あり且脾土は剋傷せられたるが故に又腎を剋し腎水枯渇して下焦に熱を生ぜり因て又淋疾或は下疳瘡こ爲るものあり又瘀血の象あり失心の象あり老人は健忘婦人は血虛多くは難治の症とす○初爻の變　小過　老病或は小兒水虛氣欝壯者は黴瘡の餘殃食飲過多より自ら招くの疾手足痺痛の象あり良醫を得れば治することあれども概ね凶兆とす○二爻の變　大壯　逆上痰飲の患ひ脚に浮腫あるべし神氣昏くして眩暈するものあり凶兆とす○三爻の變　震　飽滿傷食肚痛酒損熱亂邪氣に蔽はれ昏々默々として危篤の兆或は怪我の類急性のものは治することも亦速なるべし○四爻の變　明夷　瘡毒の難み身に斑點を發する等の症又脾胃疲れ心氣難むと雖も少しく日を經れば幸に治することあるべし○五爻の變　革　非常の胃病不慮の變あるべし胸鬲を塞き

痰咳等あるものは輕きに似て危し○上爻の變　離　肺火盛んにして頭痛あるの症凶兆とす○病因及び治方を占ひ此卦の五爻を得るが如き斷じて曰く豐は日の東方より出づる象なれば生機を得たるが如し然るに變じて革に之くを見れば革の卦たる離の日西方兌澤の下に沒入するの象なるを以て治方あることなし遠からずして死すべしと判し果して此くの如くなりき又妊娠の有無と胎兒の男女とを占ひ此卦の二爻を得るが如き斷じて曰く豐は大なり之卦大壯は大に盛んなるなり是れ離の腹中に一陽爻入り來りて乾の實と爲りたるなれば妊娠せしこと疑ひなく且男子なりと爲せしに果して然り又重き淋疾の患者を占ひ此卦の初爻を得るが如き斷じて曰く本卦豐は本小過より來りしものにして小過は即ち大坎の象坎を水とし血とし毒とす離變じて艮と爲る下部離火の熱を艮山にて止め其勢固結して瘀血を生じ血淋と爲りたるものなれば大解毒劑と利水劑とを用ふべしと敎へ全治せしめたり又小兒の病を占ひ同く此卦の初爻を得斷じて曰く豐は豐滿の理腫瘡の象あり發熱甚だしと云へば是れ痘瘡の初熱なるべし然るに之卦は大坎の象孔穴を生ずる意あれば保護に心を用ふべしと示し缺陷を生ぜしめざりき

䷷ 火山旅

離宮一世　春半吉　夏失財
秋凶　冬不利

此卦を得る人は病に對して第一に卦名不祥の兆とす故に重病大患の人或は老衰の人危篤の人には凶兆と爲す蓋し過ぎて思慮を勞するか或は勞力過度旅行の勞れ等より生ずる病にして大肝積の象あり脾胃虚して下利する象あり腐敗の留飲胸鬲に沸溢し壯熱の象あり瘍腫の象あり中風の象あり婦人は經水の滯り或は産後血虚の象あり○初爻の變　離　火熱盛んにして乾き小便赤く澁り大便熱燥して秘結し或は悪寒戰慄又脚痛等危篤に至るべし○二爻の變　鼎　風邪を兼ね胸腹又は左脛に痛みあり凶兆早く良醫を求むべし○三爻の變　晋　水虚或は衄血俄に發し或は疳積眩暈進退常なく又瘡毒を發するものあり婦人は經行不順嫉妬疾を爲すの類永久に至るものは凶兆○四爻の變　艮　脾胃に滯りありて和せず胸背及び一身に痺弱あり治療を懈るときは大患に至るべし○五爻の變　遯　氣血兩虚發熱痰咳眼目昏曚危篤の兆あれども良醫を得れば治すべし○上爻の變　小過　肝氣亢ぶりて逆上するの象養生を怠るとき

は大患に至る早きに及びて治を施すべし○病筮に此卦を得るもの多く凶其故は病人にして旅行する義なく其旅行するは必ず凶なればなり故に病筮に此卦の二爻を得るが如き斷じて曰く危篤の病人にして旅行するの義なし又之卦鼎は改まりかはるの義なれば是れ生存する人の改まるものにして死亡の義なり又旅の鼎に之くは離火を以て艮山を燒き巽の木をも併せて燒き盡し終には離火も消へて皆土に歸するの象とす故に旅は死出の旅にして甲乙の日を過ぎ必ず死すべしと云ひしに果して此くの如くなりき甲乙は巽木を以て言ふなり又小兒の病を占ひ此卦の五爻を得るが如き斷じて曰く天禀虚弱の質時候に感じ邪熱を生ず土生金の山ありと雖も心火の爲めに尅せられ病勢日に盛んにして眞陽耗散す是れ遯なり旅にして遯必ず死すべしと云ひしに四日の後死亡せり○凡そ卦名の義を以て不吉を見るもの火山旅天山遯地火明夷山風蠱風水渙雷水解澤天夬澤火革火風鼎以上十卦は疾病の占に祥瑞ならざるを以て重病に此れ等の卦を得るときは概ね凶と見るべし又塚墓の卦と稱するもの澤地萃地水師天地否雷地豫地山謙雷山小過の六卦にして以上の卦を得る者大病には先づ救ひ難しとするなり賁大過も亦同じ

䷸ 巽爲風

巽宮八純　春平　夏吉
秋凶　冬吉

此卦を得る人は天禀賦性薄弱にして陽氣不足し常に肝鬱の積氣強かるべし加之父母の遺毒を受け來れるが故に小兒の時より成人に至るまで常に多病なりとす脾胃の二臟疲勞せるを以て稍もすれば下利し易く心下痞硬強く心煩苦悶し頭痛眩暈悪心不食肩背強痛四肢攣急等の症候多かるべし劇しきは肝鬱勞瘵の症と爲り或は失心發狂するものあるべし乾の氣不足して皮膚の護衛に間隙あるが故に風邪犯し易く犯せば必ず裏に入り易し中風不遂の象あり又室女の類所欲を遂げざるの鬱情より氣虚して肥滿の如く腫れ血液循環せず病を生ずるの意あり○初爻の變　小畜　脚氣或は腰脚疼痛進退自由ならず浮腫あれば凶兆又一時快復するが如きも再發して死に至るものあり○二爻の變　漸　四支重くして痠痛し邪氣漸々に進むの時危きに至る少し快きも安心すべからず速に治を施すべし○三爻の變　渙　病根を探りて治を施さゞれば治を誤ることあり往々離別の憂ひより來るものあり水虚腰痛の類或は風邪を兼ぬ治方

を得れば渙散じて癒ゆべし○四爻の變　姤　腹皮拘急し腹微滿して時々痛みあり又
は浮腫あるべし速に治せざれば危きに至るべし○五爻の變　蠱　飲食過度蠱壞の致
す所或は蚘虫或は瘡毒等大抵治しがたし長きに渉るの症とす○上爻の變　井　頭面
耳目の患又勞役して常に風を悪み自汗盜汗あり治を怠るときは危し○壯年病者の病
因治方を占ひ此卦の三爻を得蓋し患者は疝痛に難むこと一年餘なり因て斷じて曰く
是れ危篤の兆とす本卦の重巽に禀賦の薄弱と病毒とを具へたり此人必ず十五六歲の
頃癆勞の症を起せしことあらんと問ひしに果して然りと云ふ然れども此人成人の後
情欲開けてより房事度に過ぎたるより腎に損する處ありて之卦渙の象と爲れるなり
渙は巽の風を以て坎の水を吹き散ずるの義なれば治方あることなし十日を出でずし
て死すべしと云ひしに六日にして死せり又患者を占ひ此卦の五爻を得るが如き斷じ
て曰く風は物に入るものなり風の字蟲に從ふ氣中に蟲あるの義今變じて蠱と爲る是
れ蠱毒に惱まさるゝの象妖物の外より入り侵すに非ざれば必ず風濕の蟲を生ぜしな
るべし上塞りて頭重く熱氣往來して水氣離散するの症なるべしと云ひしに果して此
くの如き難症なりき

☱ 兌爲澤

兌宮八純　春吉　夏凶
秋吉　冬疾病

此卦を得る人は肝欝の積氣強く胸鬲に亢ぶり衝きて肺に迫るの象あり故に腐敗の留飲盈ち溢れて頭痛眩暈悪心煩悶肩背攣急心下痞硬し飢飽節なき等種々の症候を呈すべし又中焦に熱ありて痛みを爲すの象あり瘀血の象あり蓋し禀受の厚薄を省みず意氣鋭進して妄行失過自業自得の病とす但危篤の候あるも食物を愼み養生すれば治愈すべし○初爻の變　困　心痛或は泄瀉内冷の氣を受くるの象又咽喉或は下部に痛みあるものあり飲食を節し色欲を愼み私念の係累を絶ちて療養すべし○二爻の變　隨　亂心狂走或は足部攣急小腹脹痛等の症あるべし卒病急死の象あれば戒愼を要す○三爻の變　夬　痰喘壅盛して兩便快利せず病勢日に進みて危きに至る多くは酒毒房勞等より生ずるの症浮腫あれば危し○四爻の變　節　酒食過度の致す所或は骨節の痛み又嘔吐あるべし治方を得れば長しと雖も治すべし○五爻の變　歸妹　心胸或は足部の痛み邪氣盛んに攻むるの症女色を遠ざけ戒愼せざれば大患に陷るべし○上爻

の變　履　水虚食傷或は瘡毒腰下の痛或は夫妻離別の憂悶より發する病治方を得れば長しと雖も治すべし○病因及び治方を占ひ此卦の四爻を得斷じて曰く是れ脾胃虚の象たり本卦の兌は内卦の兌を肺とし外卦の兌を腐敗の留飲とす其本は肝欝の積氣亢ぶりて脾土克傷を受けたるより水穀の消化あしく留飲中に生じて胸鬲肺の位に逼れり故に食味常に變じて必ず鹹味を好み且大食なるべし皆脾胃虚の兆留飲の所爲なり而して之卦に節を示したるは飲食を調節すべしとの教戒なり故に留飲を除くの治を施し飲食を節すべしと教へ患者も此占に從ひ久くして平愈せり又妊娠の實否を占ひ同く四爻を得斷じて曰く本卦の兌は悦樂和順の象なれば悦びの義とす之卦の節は兌澤の上に坎水の止れる象なれば妊娠たること疑ひなしと云ひしに果して妊娠なりき又他の孕婦の産期と胎兒の男女とを占ひ此卦の二爻を得斷じて曰く兌を小女とし震を長男とす今兌變じて震と爲るを見れば普通の占例震の男子といふこと當然なれども是れ産期を問ふを以て主としたれば震の動き生るゝ期は卯の刻にして其子は兌の女子なるべしと云ひしに果して適中せり是等著情を知りて判することを要するなり

䷺ 風水渙　離宮五世　春平　夏吉　秋不利　冬吉此

此卦を得る人は肝欝の積氣強く脾胃虚して食毒水毒を生じたる象あり腎水虚耗腰痛脚弱の象あり痢疾の象あり重病危篤の人及び老衰の人に在りては卦名よりして己に不祥の兆とす多くは寒熱ありて頭項疼痛肩背強急することあるべし長病にして治し難き症とす又婦人は産後の患或は流産の兆あり○初爻の變　中孚　寒熱往來すれども邪氣未だ深からず痰咳大小便不利等の症早く治を施すに宜し○二爻の變　觀　脾腎の虚する象逆上足痛眩暈等大患に至るの兆あり○三爻の變　巽　風濕に因り筋骨疼痛又脚氣の兆あり長きに亘り治効を得がたし○四爻の變　訟　腹滿浮腫頭面重く手足冷痺又憂悶して欝症を呈すべし治方を得れば治すべし○五爻の變　蒙　眼目昏く胸背に痛みあり又瘡毒上部に結び禍を爲すの類とす誤治の患を防ぐべし○上爻の變　坎　血脈流通せずして欝結凝集し永久に亘りて治しがたし○病因及び治方を占ひ此卦の二爻を得るが如き斷じて曰く是れ疝積なり巽を氣とし肝とし又積氣とし筋

とす坎を水とし寒とし曳とし之卦の觀を大艮とす艮を腰とし止るとす即ち巽の氣坎の寒氣に遇ひて凝り閉ぢられ爲めに筋を曳く故に大艮の腰伸び難かるべし然れば寒毒の凝りを解散するの方を用ひて治すべしと教へ幾くばくならずして全治せり又大病人の治すべきや否を占ひ同く二爻を得斷じて曰く是れ危篤の兆なり其故は外卦の巽風を以て內卦の坎の主爻を散するの象なればなり又問ふて曰く此患者國に歸るに三日を費す歸り得べきや否と曰く之卦の觀は大艮の象にして艮は塚墓の象且止りて動かざるの義あれば本國に歸るの餘日なかるべしと云ひしに果して翌日を以て死せり又病因及び治方を占ひ同く二爻を得斷じて曰く是れ寒疝腰痛の象坎を水とし寒とし毒とし痛とし巽を氣とし肝とし積氣とし筋とす本卦の渙は積氣に水毒を兼ねて痛みを發するの象之卦の觀は大艮の腰に寒疝の止りたる症とす然れば水毒を去り寒氣を溫むるの藥を用ふべしと示し此言に從ひて全治せり以上の三題皆渙の二爻なれども外卦巽風を以て內卦の主爻を吹き散すが故に必死と爲すものあり又內卦坎を以て毒とし之を去りて治に向ふものとすることあり患者の輕重に依りて判ぜざるべからざるなり

䷻ 水澤節

坎宮一世　春吉　夏吉
秋凶　冬凶

此卦を得る人は肝鬱の積氣甚だしくして脾土を尅傷し脾土尅せられて水穀の制を失ひ妄食せしが故に食毒上下に盈滿するの象あり惡心煩悶肩背攣急頭痛眩暈小腹攣痛心下痞硬等の症あるべし總べて上部に毒あり胸鬲に腐敗液甚だしきの象あり瘀血あるの象あり又壯年の者は色欲過多の爲めに腎虚し老人は半身不遂等のものあり○初爻の變　坎　吐瀉して四支冷痛し又は膿血の患ひ漸次危險に陷らんとす速に治を施すべし○二爻の變　屯　腰脚攣痛又口中の患ひあるべし藥を改むるに利し○三爻の變　需　腰脚冷痛又は浮腫等難治の症戒愼せざれば危し○四爻の變　兌　痰飲胸鬲に在りて微腫す或は咳嗽あり速に治せざれば機を失ひ長病に至るべし○五爻の變　臨　氣血不順飲食化せず思慮定らざるの象然れども治を怠らざれば危きを遁れ漸く快氣に趣くの時とす○上爻の變　中孚　氣鬱頭痛困苦甚だしきの時とす治方を得ざれば危し○出産の安否と胎子の男女を占ひ此卦の二爻を得斷じて曰く出産は安くし

て胎兒は男子なるべし其故は此卦兌澤の上に坎水あり乃ち胎兒の象之卦屯は兌澤の堤防も除かれ坎水隨意に流出するの意なり且兌變じて震と爲る亦男子の象なりと云ひしに果して然り又病因及び治方を占ひ此卦の四爻を得斷じて曰く腐敗の留飲強く胸膈に塞りて大に苦むべし其本は臨より來れる卦象たり臨の卦に一陽の毒生じ進みて九五の位に居り坎險の主爻と爲る故に其險は容易に治すべしと雖も其病因腐敗せる留飲は除き難かるべしと云ふ蓋し此の症往々ある所にして甚だしきは中風の如く半身不遂行歩に難く痰涎ふさがり悪心煩悶し小便頻數等の候あるなり而して病根の留飲を除き去るには治方なきに非されども患者にして調攝を怠り或は適當の藥を永服すること能はざればなり又同上の占にて此卦の三爻を得斷じて曰く此患者は梅毒なるべし變じて需と爲るを見れば梅毒の頭面に上りて發張することあるべし發張するときは乃ち治すべしと云ひしに果して梅毒鼻に見はれて治することを得たり之を梅毒と知りたるは之卦の需を見て本卦節は泰より來ることを知り泰を知りたるが故に病因の梅毒たるを知り且之卦の需なるを以て其毒の發して治すべきことを知りたるなり

風澤中孚

艮宮游魂　春平　夏平
秋吉　冬吉

此卦を得る人は天禀の質陽氣薄弱なるか上に遺毒を受け來るの體たるを以て肝鬱の氣常に亢ぶり脾土を尅傷し脾腎の氣虚弊して內には常に虚熱を蓄ふるなり又腐敗の畜水は上下に旁行して種々の症候を生ずるなり一身に大熱あるの象あり積氣胸鬲を攻め塞ぐの象あり悪心煩悶飢飽節なく夜臥安からず心下痞硬等の症あるべし肺氣を清め肝氣を鎮め脾胃を健かにし中焦の熱を解せば快愈すべきなり○初爻の變　渙　自汗盜汗或は泄瀉等の症治療速かなるに宜し遲ければ大患に至る○二爻の變　益　病勢日に進むの兆積氣ありて氣鬱し身體四支に拘急あり良醫を求めて治すべし○三爻の變　小畜　腰下冷痛大便硬く又浮腫あり哀樂常なく心氣鬱塞し危篤の兆とす○四爻の變　履　心氣鬱結し積聚腹滿長病にして危篤に近し良醫の助けを得ば或は困みを脱することあるべし○五爻の變　損　內傷氣虚胸背に痛みあり小兒は脾胃の虚するに因る凶兆○上爻の變　節　骨節疼痛悪寒咳嗽又は痼疾瘡毒等の象あり急に死

せざれども治を怠れば危きに至るべし○瘡毒内攻の兆ある患者を占ひ此卦の二爻を得るが如き斷じて曰く是れ内に大熱毒を含み居るも其快く外に發散せざるを以て却て内の元氣を攻め伐つものなり故に元氣甚だ衰弱せり是中孚の象とす今變じて益に之けば則ち震巽の肝木亢ぶり病毒其時を得て益進むの義なれば大凶兆なりといひしに果して死せり又病因及び治方を占ひ此卦の上爻を得斷じて曰く是れ肝氣の欝症たり内に熱を包みたれば咳嗽も多く痰をも吐出すべし然るに變じて節と爲れば自然に穩かなるべく今後寒毒を去るの藥を服して治すべしと示せり又患者を占ひ同く上爻を得たりし時斷じて曰く此人地澤臨の性質にして虛弱なるに上爻と五爻とに疾を生じ大に壯熱を包みて大留飲の症こ爲りたるなれば先づ上に在る處の毒を取り除くべし夫れ臨は泰に比すれば一陽爻の不足するを以て元氣弱き者とし其人にして中孚の病を得今後節と爲るべく節の時は病勢少く減ずべく而して能く治療を施すとさは臨に復るべしとの告げたり故に中孚の時は中孚の治術を施し節と爲りたる時は又節の治術を施すべし是れ神易の妙用なりと敎へ示し三旬を出でずして快復せしめたり

䷽ 雷山小過

兌宮游魂　春吉　夏吉
秋凶　冬平

此卦を得る人は天禀の賦性陰肉偏に勝ちて氣を揜ひ包みたるか故に中風不遂の症多かるべし肝氣亢ぶりて脾土を尅し尙進みて胸鬲に迫る故に留飲盈ち溢れて種々の苦症を見すべし又裏熱盛んにして四肢は反て厥冷する象あり下利の象あり此卦塚墓の象あるを以て疾病には凶兆とするなり○初爻の變　豐　發熱して飲食味なく小便赤く大便硬く漸次悪症に陷らんとするの兆あり急に治を施さゞれば危し○二爻の變　恒　風邪より他症を引き起し足痛等あるの兆急に治せざれば長病と爲るべし○三爻の變　豫　積氣心下に攻上り腹中力なく輕きに似て輕からず戒愼せざれば變あらんとす○四爻の變　謙　心下に痛みあり氣血循環せずして四支痿痺し病勢漸く將に進まんとす輕症に非ざれば戒愼して治を怠るべからず○五爻の變　咸　邪氣上騰して痰咳あり晝安くして夜安からず危險の時とす脾胃を實するを要す○上爻の變　旅　逆上頭痛眼中赤脈を帶び常に痛痒あるべし旣に治期を失ひ餘病を併發し危篤の兆と

す〇一男子の疾を占ひ此卦の五爻を得斷じて曰く此卦小過にして陰の過ぐるなり胸鬲煩悶し飲食通ぜず感ずる所口に在り是れ反胃の症なるべし其口と云ふものは變じて兌と爲ればなり又氣血欝滯し面目に浮腫あるべし此卦大坎の象あればなり之卦咸は遺言人を感ずるの意小過は飛鳥の象にして魂魄已に飛び去るの象なれば必ず死すべしと云ひしに數日を出でずして死せり又患者を占ひ此卦の三爻を得斷じて曰く此卦肉の有餘を以て氣を包みたるの象固より肉多き人は陽氣必ず少き者なれば氣血の循環宜きを得ずして中風癱瘓の症と爲りし者なるべし枯瘦せる人にて中風の如き症あるものは多く肝欝の亢りにして一身拘攣し中風の如くに見ゆるものなれども此くの如きは陽氣偏に勝ちて陰肉を尅するが故なり然れども是れを類風中と謂ひ平愈するもの多し又陰肉有餘にして陽氣を掩ひ包みたる中風は治し難きものなり此卦及び巽爲風兌爲澤水山蹇風水渙等是れなり艮爲山の如きは眞の卒中風にして必死と爲す今此患者は陽肉偏に勝ちて陽氣を掩ひ包める症即ち中風なり其裏熱强きが故に反て外表は寒冷の象あり變じて豫と爲れば陽氣愈脫し去るを以て全快す可らすと云ひしに果して死せり

水火既濟

坎宮三世　春平　夏凶
秋平　冬吉

此卦を得る人は下焦に熱あり毒あり中焦上焦も亦同じ一身中熱と毒と錯綜せし象なれば容易ならざる症たることを會得すべし故に氣血共に結ぼれ虧けたる象あり梅毒の象あり又強く攻むる病勢なしと雖も元氣は自然に竭くる意あり多くは色欲過度より發するものとす婦人は經行不順にして陰陽兩虚の症或は妊娠又流産の兆輕きに似て輕からざるなり○初爻の變　蹇　脾腎の虚に濕氣を兼ね腰脚痺痛し藥効なきの時とす蓋し酒色の害より生ずるもの多し○二爻の變　需　痰咳或は浮腫腎水將に涸れんとす大便秘して小便利せざるものは危し○三爻の變　屯　腰脚拘攣疼痛病勢日に進むの兆長きに亘りて危きに至るべし○四爻の變　革　痰咳腹滿病勢急に迫るの兆あり終日戒愼し醫藥を易ふるに宜し○五爻の變　明夷　脾腎の虚に濕氣を兼ね瘡腫結毒の類不治の症に陷るもの多し○上爻の變　家人　邪氣凝結して頭痛強く心火動き危きに至らんとす然れども治方を得れば活路を得ることあるべし○一患者齦齶よ

り血を出すこと久きを占ひ此卦の四爻を得たり斷じて曰く既濟の卦たる泰より來るものとすれば順卦泰の時は無病健全なりしも今其病を得るは必ず梅毒を患ひたることあるべし既濟の卦には離の熱二つ坎の毒二つあり梅毒の象今坎毒の血を齶より出だすは即ち其毒の流出するなり然るに變じて革と爲るは坎水の流れ止まりて兌澤と爲るの象なれば出血は自ら止るべし然れども病勢は革りて別症と爲り次第に重患と爲るべし殊に革は骨蒸勞瘵の症を備へたるものとす故に此患者は終に梅毒と爲り果つべし坎水變じて兌澤と爲る是れ流水の止る義にして二つの火は攻め上るの勢益壯なり且上に一陽の塞りあるが故に肺金は二火の灼爍を被り其欝飲下降すること能はず咳嗽盛んに起るべし是れ自然の勢にして已む可らざれば終に梅毒に死すべしと云ひしに果して此の斷の如くなりき又一老人の病を占ひ此の卦の五爻を得斷じて曰く是れ氣血兩虛し陰陽共に衰へたるの象小便淋瀝し手背より足跗に引きて腫氣あるべし心氣蒙然暗中に入るが如し思ふに前年火災に遇ひ損失に依りて心氣を勞し此病を生ぜしなるべし卦象離火坤土に伏して坎水を得ず遂に消滅す死症なりと云ひしに久しからずして死せり

䷿ 火水未濟

離宮三世　春平　夏平
秋吉　冬吉

此卦を得る人は氣血不順にして坎の水毒は下に陷り離の火熱は上に衝き升り胸腹の間には熱と毒と相戰ひ相攻む最も危急の卦なり氣逆上衝手足厥冷し耳鳴目眩頭痛惡心煩悶心下痞硬小腹急痛等種々の症候あるべし又梅毒の象あり鶴膝風の象あり重患の人には凶兆とす○初爻の變　睽　痰咳ありて咽喉利せず足部冷痛又嘔吐あり病勢進むが如くなれども治すべし○二爻の變　晋　壯熱ありて上衝し時疫夏時は霍亂或は手足痿痺等の症危險に至るの恐れあり速に治を施すべし○三爻の變　鼎　風濕の氣を含み又酒色の害あり身體懈惰し股及び膝等攣急して痛みあるべし或は急變あるの時とす醫藥を易ふるに吉○四爻の變　蒙　眼目昏く耳鳴又瘡毒の症長しと雖も治すべし○五爻の變　訟　痰喘ありて胸中痞塞の意ありと雖も邪氣漸く消して眞氣充塞するの兆あれば治方を得て戒愼するときは長しと雖も治すべし○上爻の變　解　身體懈惰四支骨節掣痛し又頭痛を兼ね病輕きに似て輕からず速に治を施さゞれば終

に危篤に陷るべし○一婦人の病を占ひ此卦の二爻を得たり斷じて曰く此人夫の短氣なるが爲めに心を痛め病を得るは是れ未濟の象なり且産後の餘病血亂の症あるは是れ坎の象なり又持病の積氣心下に衝き氣悶煩熱すべし未濟の卦陰陽相對す急に死せずと雖も累年の疾と爲り藥石効なくして漸々衰弱し遂に坤地に歸すべしと云ひしに果して此占に應ぜり又一婦人の爲めに産期と胎兒の男女如何を占ひ此卦の上爻を得斷じて曰く本卦未濟は離火上に升り坎水下に降るの象是れ物の解散して分別するの義之卦の解も亦分別の義にして震の男子外に進み出づるの義なれば必ず安産にして男子なるべしと云ひしに果して此くの如くなりき又一患者を占ひ此卦の四爻を得患者は長病なりと云ふを以て斷じて曰く日淺きものは速に治すべしと雖も日を重ねし者は之に反し終身の疾と爲ることあり一日は快く一日は苦み心下苦悶し藥力及ばず是れ未濟にして陰陽の氣交らず氣血順行せざるに由る變じて蒙と爲れば蒙昧にして病因の何たるを知る能はず醫師も亦治を誤るの意あり然れども蒙の時は賢師良友の助けを得て蒙昧を啓發するの義あるを以て醫師を改め或は老成の人の言に順ふを可とすと示せり

醫道活斷周易占病秘傳終

明治四十三年十二月十日印刷
同　十二月十五日發行
大正元年十二月二十日再版
大正三年十一月十五日三版
大正五年十二月十五日四版
大正七年三月一日五版

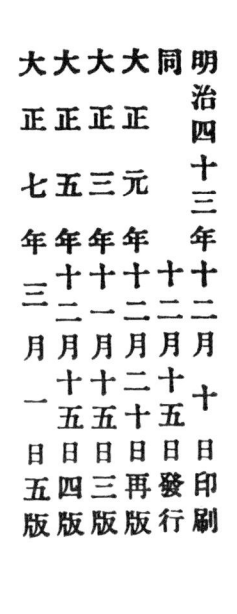

著作權所有

定價金七拾錢
郵稅金六錢

著作者　東京市本鄉區湯島四丁目五番地　柄澤照覺
發行者　東京市本鄉區湯島四丁目五番地　柄澤正義
印刷者　東京市神田區雉子町三十四番地　高橋一郎
印刷所　東京市神田區雉子町三十四番地　成章堂

發賣所　東京市本鄉區湯島四丁目五番地　神誠館

占病軌範序

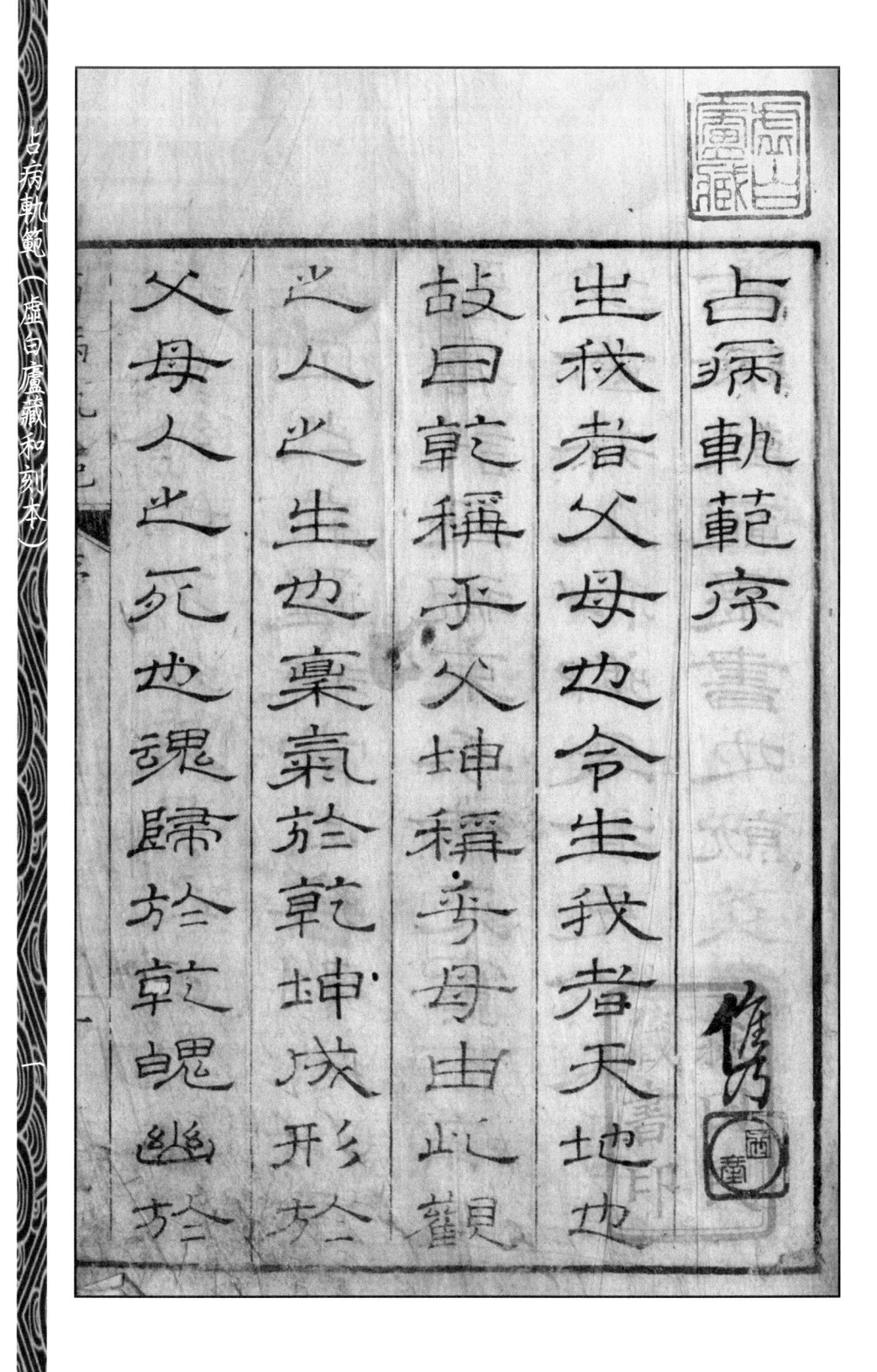

生我者父母也令生我者天地也故曰乾稱乎父坤稱乎母由此觀之人之生也稟氣於乾坤成形於父母人之死也魂歸於乾魄幽於

重泉終始不外大易之理也然感
不正之氣罹非常之疾則妄附盧
醫屬託巫祝束手待死實可痛也
切齒井上和卿氏有見於此曾作
占病軌範是書也就爻象寓病候

適切穩當其言簡而其用廣可以
詳病源而定治術豈可不謂解囊
之龜鏡哉然錄以國字俚語者欲
至于窮鄉寒村為子弟者急于父
兄之病而莫委庸醫託巫祝束手

待死之歲耳是亦先生一片之婆心也

文化壬申陽月吉

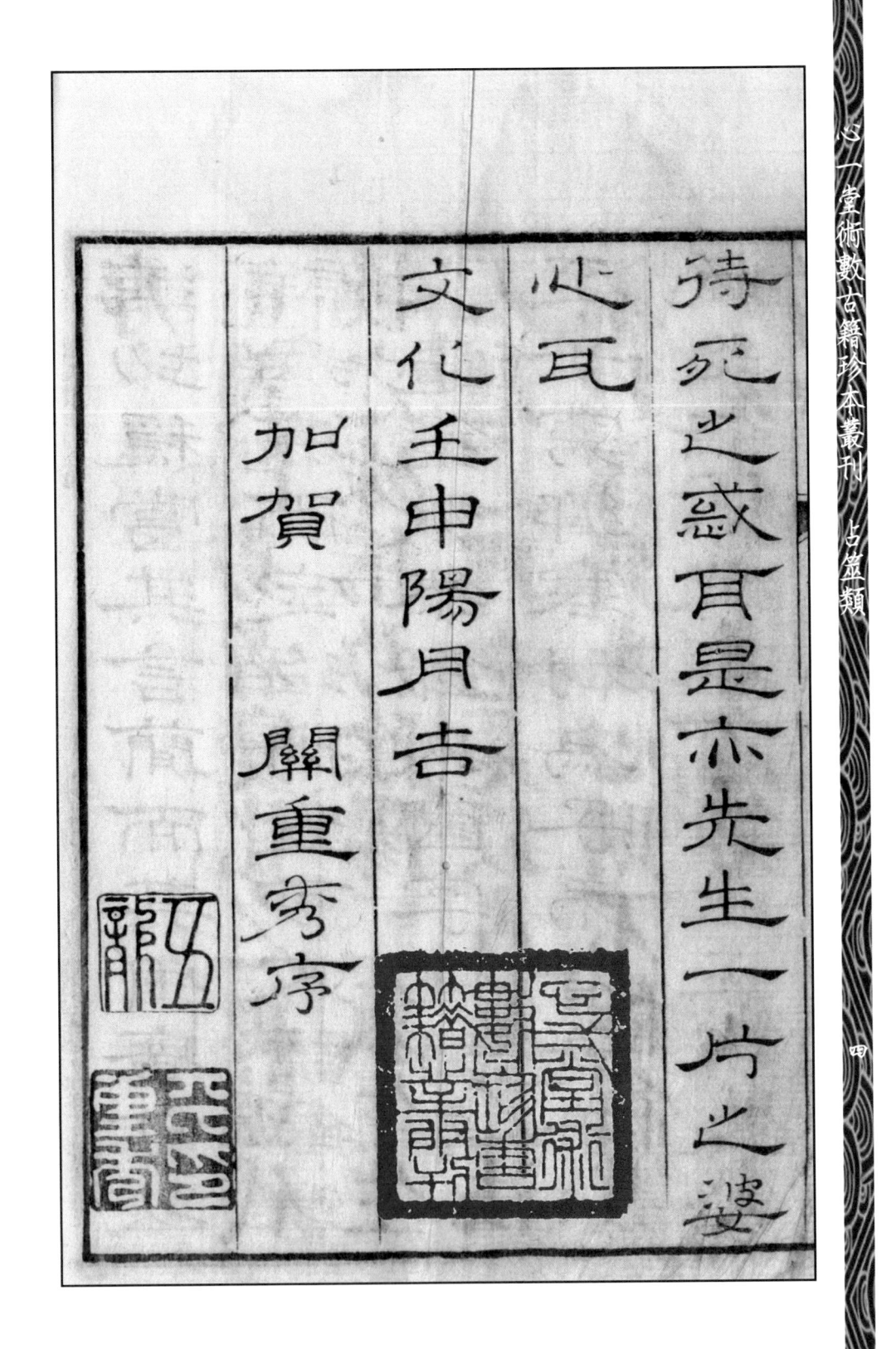

加賀　關重秀序

序

正義曰易者變化之總號代換之殊稱乃陰陽二氣生生不息之理也是以占筮之法不以潔齊正心則不能得其中是占筮者之第一義也夫

執蓍筮至誠則躬心與天地
一也與天地一則心通神明
通神明則筮占無所不中是
以筮占者整正嚴肅以占吉
凶悔吝然吉乃一而凶悔吝
三者乃戒慎人之情慾忌懼

其後來賓神聖之明教也得
吉者當慎變而之凶泰否剝
復巡還無常乃天地之性也
吾上世少彥名命成不成之
語與周易一其旨豈謂神聖
道異也哉今吾眞人斯篇成

焉余書其言以附卷首以示
同志之子弟云
文化十三丙子夏六月吉旦
門人 石見 佐和世魚識

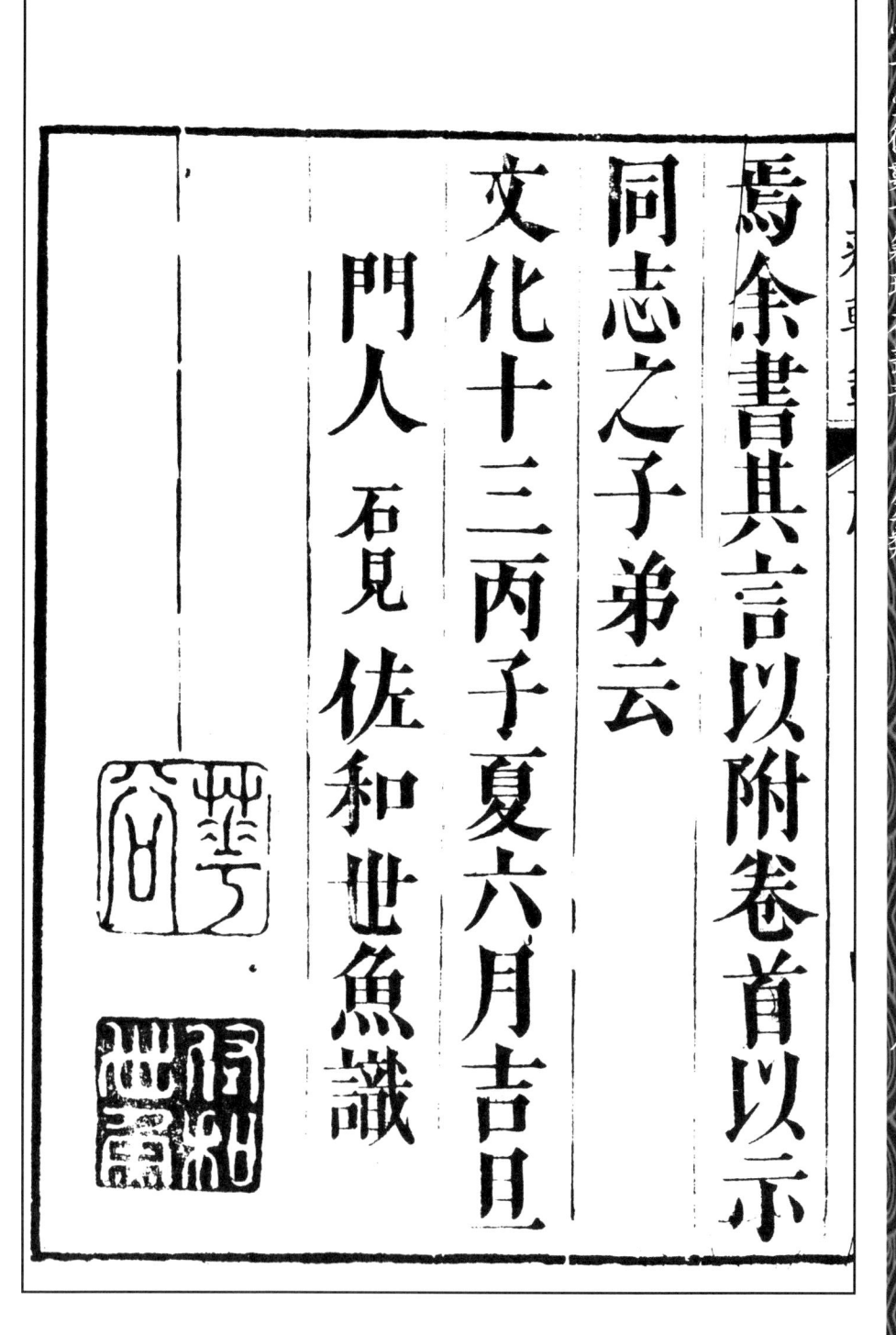

占病軌範自序

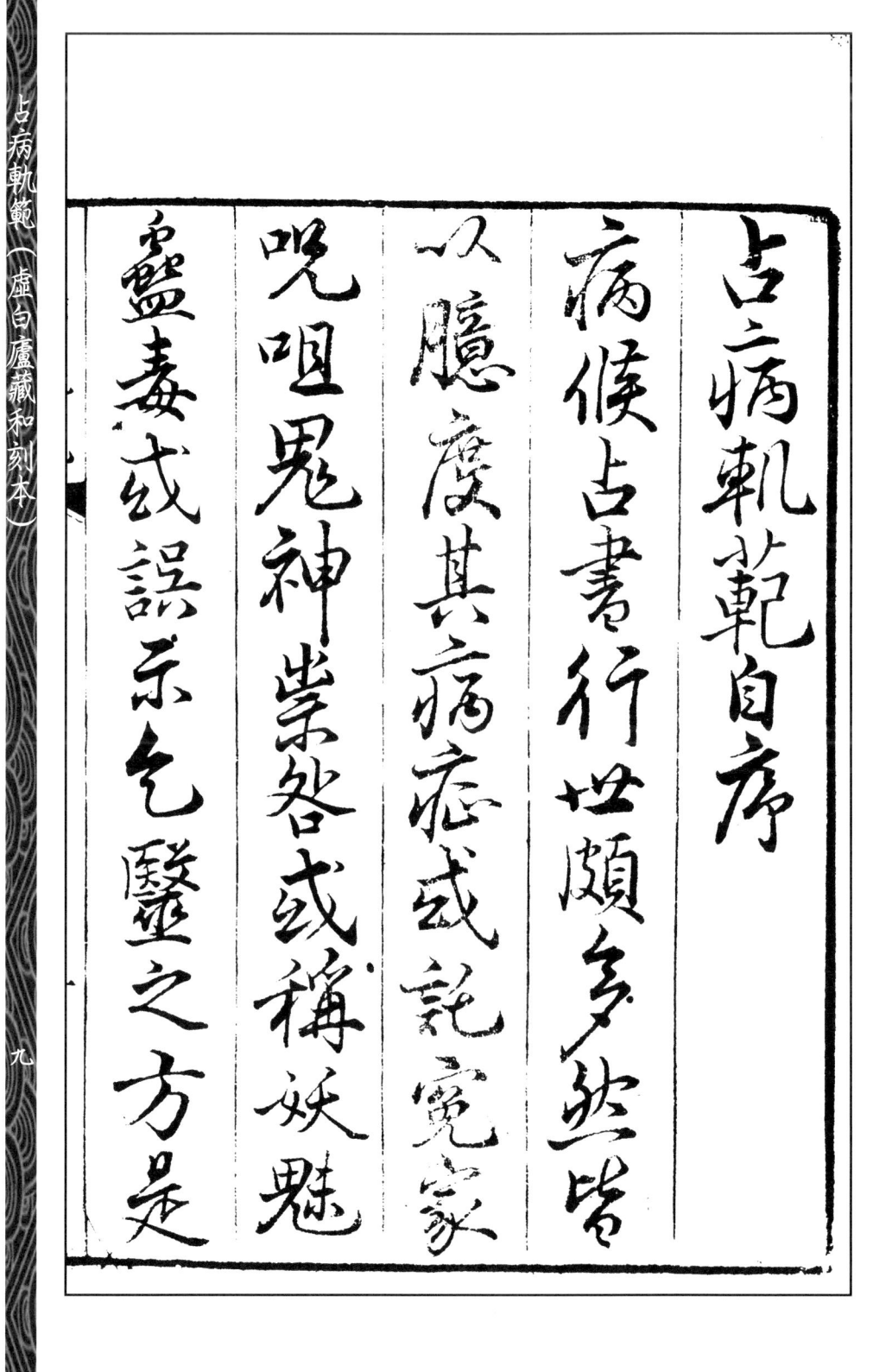

病候占書行世頗多然皆以臆度其病症或託冤家呪咀鬼神祟咎或稱妖魅蠱毒或誤示乞醫之方是

以大誤易道之旨失爻象之理所謂利口之覆邦家者非耶終使病家患人無辜無及占筮家陷于誤人之罪於是庸醫信其妄誕

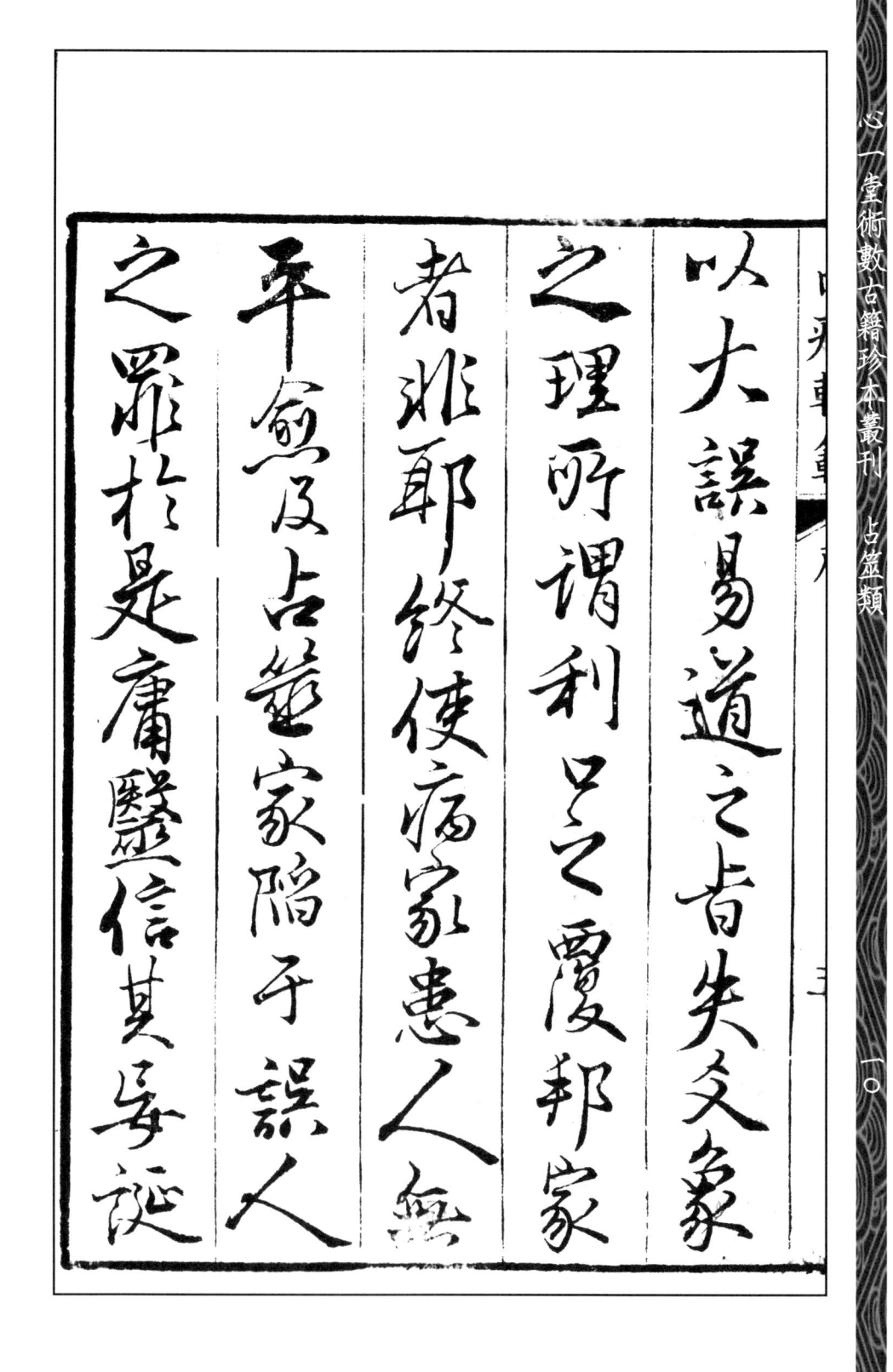

淺學尚其妖言不論病分
之當否而背爻象之確言
以授方劑誤治術殆促命
期者寔繁有徒余不忍其
如此乃著此書欲一洗凡

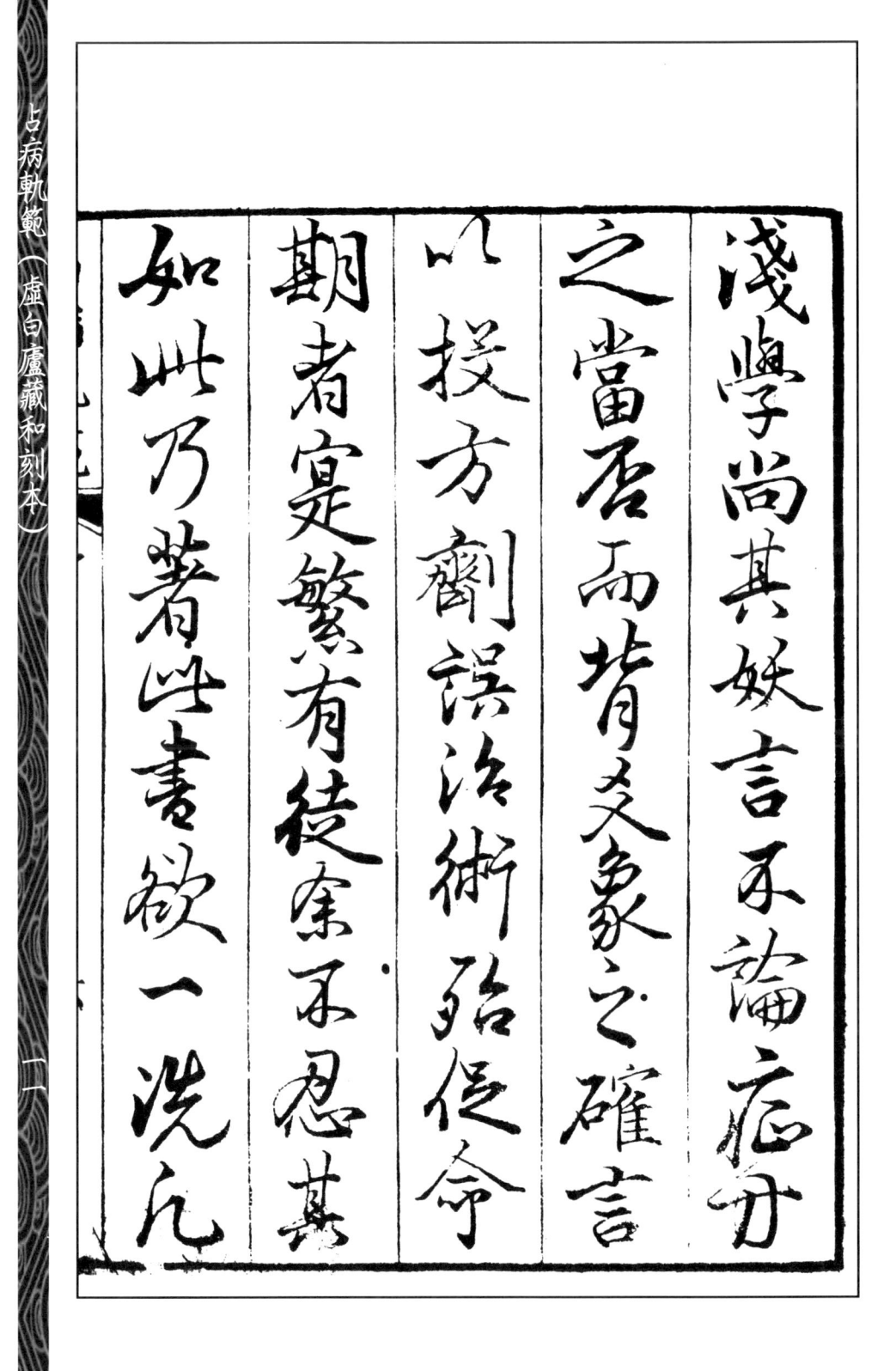

庸〻素習而斷占者〻疑
網使醫家無誤治〻悔病
者無保護之失占者無失
考之過雖然疾病〻〻占人
命死生所關系實為至重

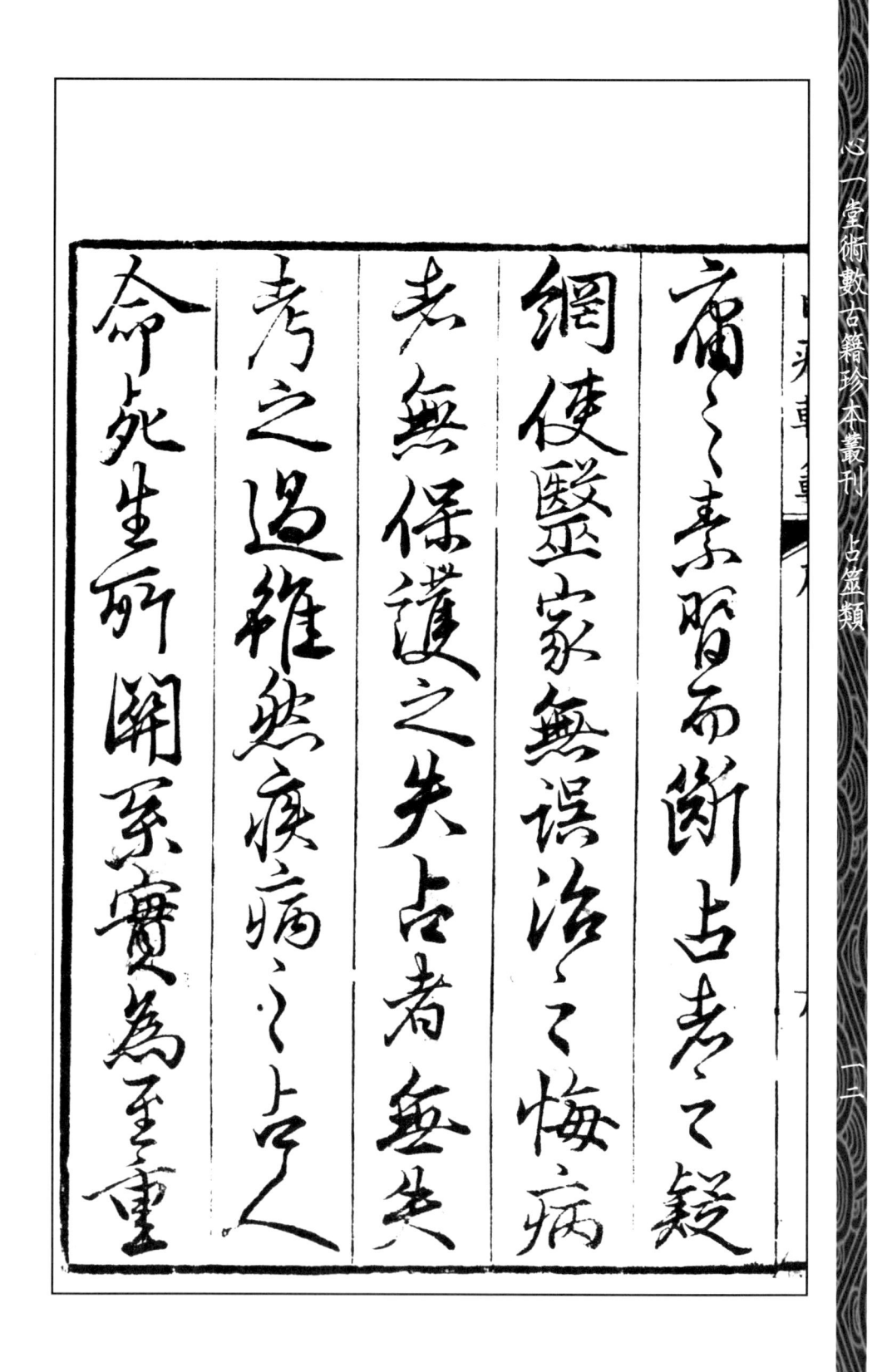

之上乘也非口授面命則不能盡其蘊奧此書姑畧記其彷彿以便同志且夫色醫方位吉凶則別有口傳故不論於茲云

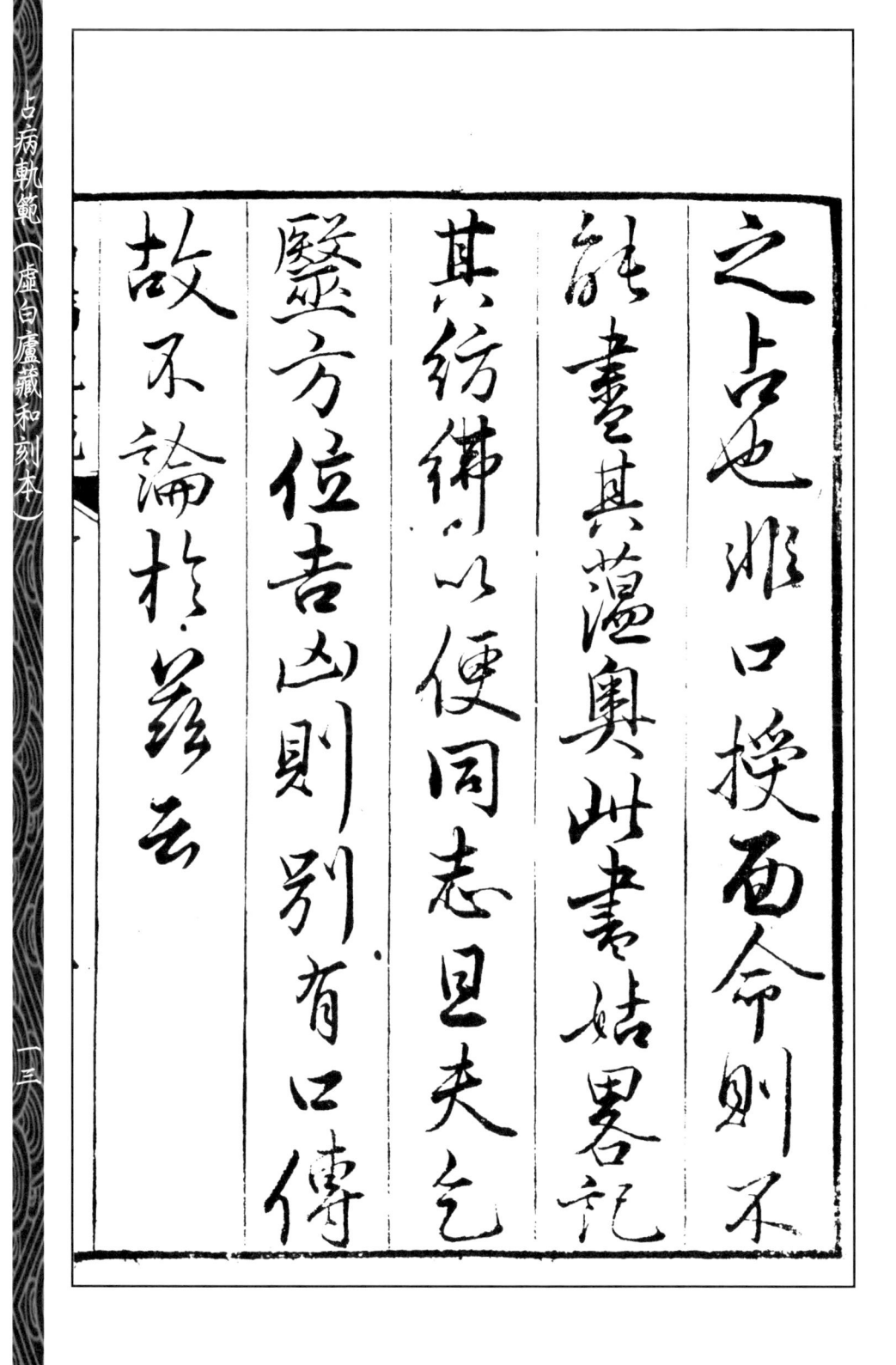

文化十有三年丙子夫

則日

加賀井上主殿教親識

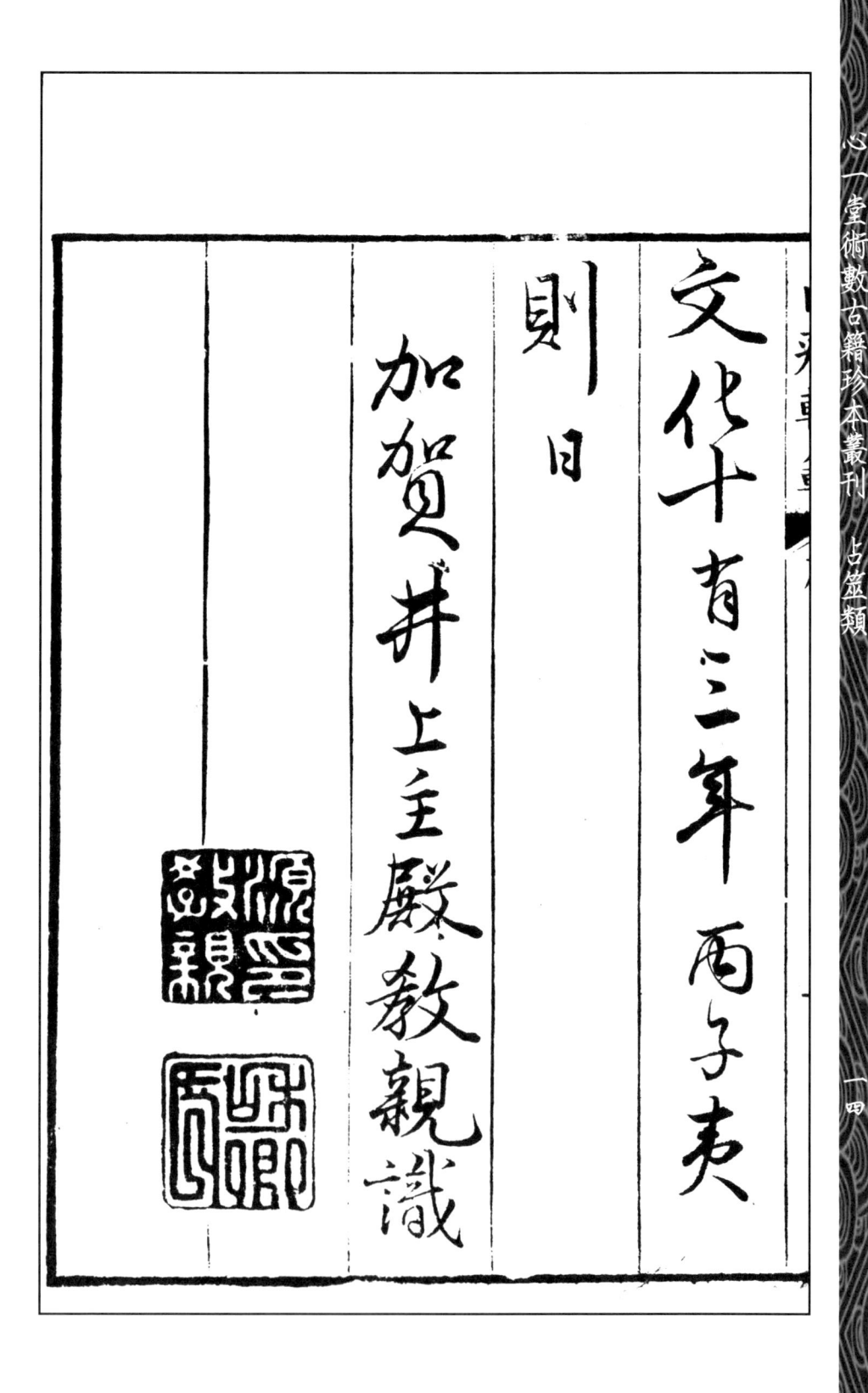

占病軌範凡例

一 近世察病易占ノ書頗多蓋其書ヲ閲ルニ卦爻ノ象法ヲ失シ或ハ死霊生怨ノ災害ヲ告或ハ妖魅ノ蠱毒ニ託シ或ハ山谷墳墓ノ障碍或ハ神佛ノ祟咎ト稱シ終ニ病者及病家ノ人ヲシテ疑惑ノ途ニ陷ラシム寔ニ巫覡ノ妄言ニ近シ然ルニ初學ノ徒其妄誕ヲ尊信シ終ニ易ノ本旨ヲ失フ實ニ嘆ヘク恐ルベシ

一 此書ハ初學察病ノ專務ニシテ且醫道ノ一助タランヿヲ欲シテ先生門人ニ口授ス蓋醫ヲ

學ント欲セバ易ヲ知ベシ易ヲ學フ者醫書
ヲ見ルベシ医書ニ通シテ然後ニ疾病占斷セ
ハ思半ニ過ギン
一筮ニ臨ムトキハ誠意正心ニシテ盥漱真一疑
シ五聖人ヲ敬拜スベシ然シテ病者老若男女
ノ差別或ハ發病ノ時日或ハ年月ヲ糺シ身ヲ
清潔ニメ正直警誡ノ實ヲ以テ祝文ヲ唱ヘ問
筮シ本卦變爻ニ心ヲ附病原ヲ糺シ傳經ヲ探
リ時日ノ旺相卦ノ象形ヲ推シ然メ此書ヲ以
テ病症ヲ斷スル片ハ百發百中神ノ如シ然ト

雖ドモ誠敬ヲ盡ザルトキハ却テ神ヲ汚シ眞ヲ
乱シテ於中ヲ得ルヿヲ得ズ於是先生一家ノ
法式相傳アレバ門ニ入テ謹テ其口傳ヲ受ヘ
シ然ドモ其筮ノ應不應ハ法ニ依式ニ不拘占者
心術ノ邪正ト學ノ精カラザルトニアリ深ク
考フヘシ書ヲ咎ムベカラズ然リトイヘドモ書
モ亦正雜ヲ撰ミ其正ニ従ヒ雜ヲ避ヘシ是其
大綱也

文化丙子夏　門人　井上鴻齋亮纒　謹識

附言

一此書ハ周易ノ卦爻象ヲ以病候ノ大畧ヲ斷ハル耳是ヲ以專門ノ名士ニ從相傳口授ナノンハ占驗ヲ得テ病家ノ助トナル丁不能相傳只得ニ文面ニ泥ンテ斷スルトキハ所謂琴柱ニ膠シ舷ヲ刻ムノ訛誤アルベシ

一凡病者ニ老若男女幼稚ノ差別貴賤高下山中海邊市中田舍ノ別アリテ一概ニ斷ズベカラズ所ト人ニ依テ差別アルベシ

一爻象ニ依テ病候ヲ考ヘ病候ニ依テ病名ヲ斷

ト云ドモ悉シキ証ハ醫家診察ニ任スベシ其
診察投藥ノ當否ハ又占筮ノ預ル所也

一凡テ病候ノ占ハ轉変スル所ヲ深ク考フベシ
前ニ所謂琴柱ノ断ヲナスベカラス

一人ハ一箇ノ小天地ニシテ萬物ノ靈ナルガ故
ニ五倫五常ノ道不正不義ニシテ乾坤五性之
教ニ違ヘバ自然ニ氣逆シ運違ヒ五六運氣共
ニ乱レテ六經榮衛升降行ハレズ氣滞リ血和
セズシテ百病ヲナス其未發ヲ占ヒ其治否ヲ
考ヘテ病家ノ要用ヲ明スベシ

一病名擧示スニ譬バ傷寒或ハ時疫トノミ斷リテ六經何レノ症ト云ザルアリ又陽症ト云アリ大陽陽明少陽少陰ナド、斷ルアリ是ハ医ノ預ル所ニテト筮ハ死生ヲ決シ軽重ヲ知リ医案ノ是非藥ノ當否醫師ノ方角ヲ指シ示スノミ數百ノ病名數千ノ病症卦爻ヲ以テ悉ク斷ルベキニ非ズ但聚医立合配劑ノ医案執ヒ是非ヲ定ルヲ專用トス

一素問ニ人能脾強キヲ過ストキハ腎ヲ剋ス腎モト肝ヲソダツル也脾腎ヲ剋スルトキハ腎肝

トモニ損スル故ニ心火亢リテ肺ヲ傷ル是ヲ
一臓損シテ五臓ヲ傷ルト云也則是ヲ水中ニ
火アリ火中ニ水アルノ義ニシテ易ノ理ト等
シ是等理會シテ易ニカケ斷ズル片ハ百占百
中神ノ如クナルベシ只得ニ書面ニ泥ミテ當
否ヲ論ズベカラズ此所別ニ口傳アリ猶後篇
ニ是ヲ論ズベシ

一先生易學相學ニ於テ奇中ノ明斷人ヲシテ掌
ヲ指ガ如シ都鄙門人日ニ進ミ或ハ衆客問筮
觀相ヲ乞テ止ズ先生殆ド是ヲ辞スト雖モ辞

シカタシ日々ニ神書及ヒ易書相書暦書講習セ
ル暇門人射覆ヲ乞ヒ其一二ノ例而初學ノ蒙
士ニ便ス○或人一軸ヲ持来テ天象ニ鳥類ノ
畫タリ先生ノ妙斷ヲ聽テ是ヲ贈ラントス乃
筮スレバ䷗地雷復之䷚山雷頤ヲ得タリ
先生斷曰復ハ一陽下ニ生シテ終ニ剥トナル
剥復ハ陰陽消長ノ理アリ故ニ復ニ往来アリ
トス変卦ノ頤ハ養ト訓ス坤変シテ艮トナル
艮轉倒シテ震トナリ震轉倒シテ艮トナル震
艮待體ハ則日月運行之象ナリ又頤ハ離ノ似

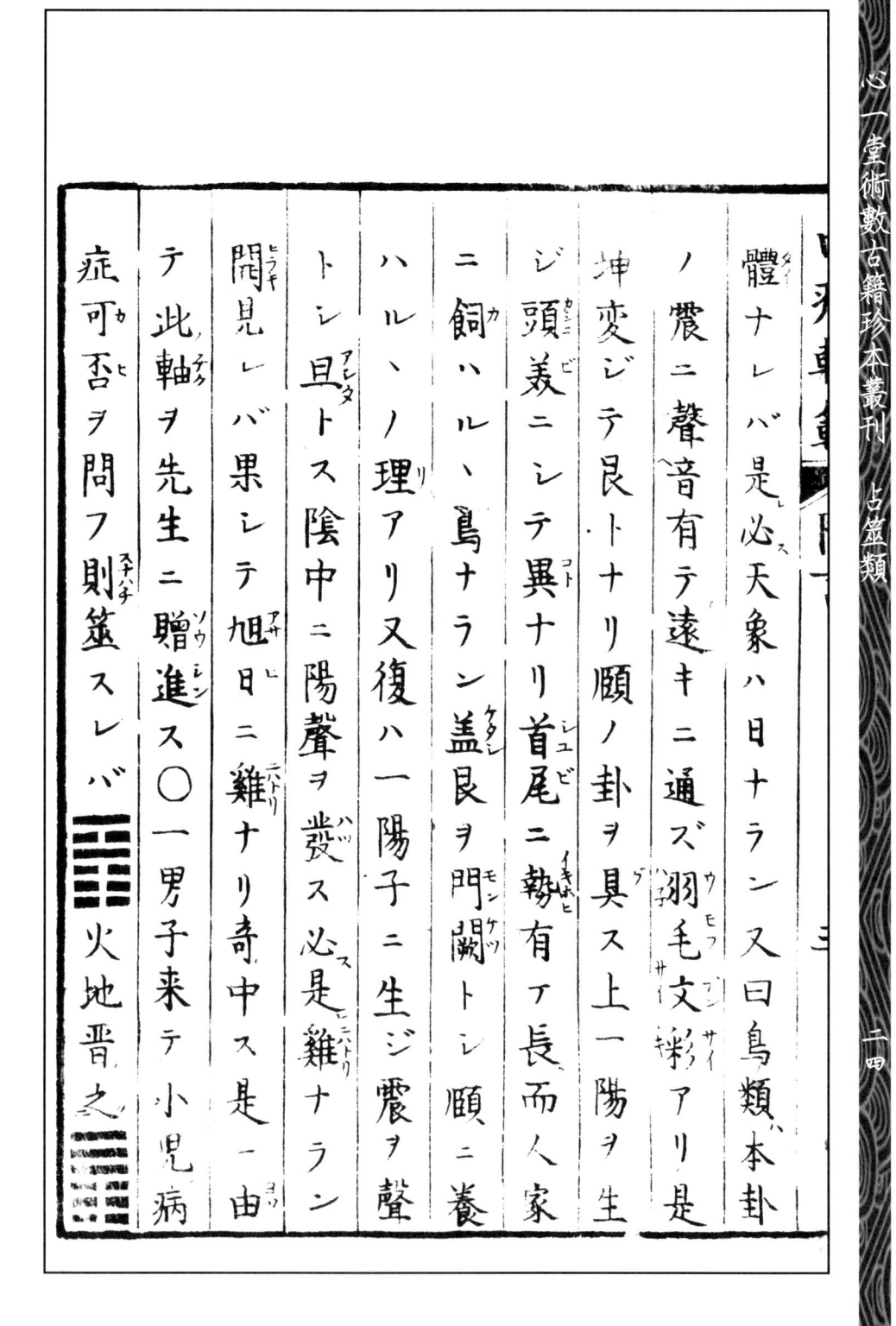

體ナレバ是必天象ハ日ナラン又曰鳥類ハ本卦
ノ震ニ聲音有テ遠キニ通ズ羽毛文彩アリ是
坤変ジテ艮トナリ頤ノ卦ヲ具ス上一陽ヲ生
ジ頭美ニシテ異ナリ首尾ニ勢有テ長而人家
ニ飼ハルヽ鳥ナラン盖艮ヲ門闕トシ頤ニ養
ハルヽノ理アリ又復ハ一陽子ニ生ジ震ヲ聲
トシ旦トス陰中ニ陽聲ヲ發ス必是雞ナラン
開見レバ果シテ旭日ニ雞ナリ奇中ス是ニ由
テ此軸ヲ先生ニ贈進ス○一男子来テ小児病
症可否ヲ問フ則筮スレバ ䷢ 火地晉之

天地否ヲ得タリ○先生断メ曰坤ヲ肌トシ離ヲ
心熱トス又坤ヲ地トス離ヲ日トシ又火トス
日ノ炎上スルノ象晋ハ進ムト訓ス熱盛ニシ
テ煩悶シ又坤ヲ班点トシ離ヲ赤トス離変ジ
テ乾ト成ル乾ニ水気アツテ腫トス又離ヲ目ト
シ乾是ヲ覆フノ象アリ否ハ塞ル也必ス是疱瘡ナ
ラン否ヤ然リ痘ナリト答フ先生又曰必ス難痘
ナラン危篤ニシテ目盲ナルベシ客云寔ニ妙
断神ノ如シ初発ヨリ十余日絶食ニシテ壮熱
煩悶焚カ如ク両眼閉テ開カズ譫言怪異多シ

神佛ノ障碍ナランヿ先生曰是全痘ノ常也怪
ミ惑フベカラズ然ニ命期如何ヲ問フ既ニ危
シト雖モ命全シ是否極テ泰ヲ成然モ眼ハ難
開先生曰足下宅ノ南ニ當テ窓ヲ塞ギタルヿ
アリヤ客云然リ不用ナレバ是ヲ塞ギヌ先生
曰其日ヨリ小児發熱シ五日ニシテ目ヲ閉ベ
レ客悸然トシテ答テ曰先生ノ言ノ如ク發熱
ヨリ五日ニシテ眼ヲ閉タリ如何シテコレヲ
開ン我先生曰正ニ是ヲ思ニ方災ナランニ必年
月ノ吉方ヲ撰擇シ吉辰吉時ヲ撰ミテ再ビ窓

ヲ開ベシ如此開ハ一眼ハ治スベシ其言ノ如ク則先生ニ託メ以テ是ヲ改メ明レバ果シテ後五旬ニシテ一眼ハ開モ瞳子ニ白点ヲ生ジテ未ダ全カラズ此等ノ断口授多シ○文化七年十一月廿八日摂州兎原郡御影浦宗三郎ナル人始テ来テ先生ニ面識ヲ乞テ曰我持船春榮九一千五百石積十六人乗組去ル十月十五日御影浦ヨリ江戸ニ出帆シ同月廿四日志州的屋浦ヲ出帆然ルニ同日東海大風ニテ諸國ノ通船雖風破損數ヲ知ラズ我船モ今ニ行方

知ス乃船長及水主十六人ノ姓名並ニ生年ヲ
記シ生死如何然シテ船ノ有無吉凶ヲ問フ則
筮シテ䷩風雷益之䷚山雷頤ヲ得タリ先
生斷曰益ハ益ト訓ス頤ハ養フト訓ス船ハ滄
海ノ東ニ漂流シテ破碎スト雖モ人一人モ損
亡ナシ震巽コレ東方ノ卦ニシテ九五ノ変タ
レハ遥ニ遠ク既ニ異國ニ近シ巽変シテ艮トナ
ル必滄海ノ遠キニ山岳孤島アラン艮ヲ山岳
孤島トシ是ニ止リテ頤ノ養ヲ受タル象アリ
又震ヲ船トシ変象艮ハ船ヲ覆ス象アリ又互

卦山地剥ハ剥盡スト訓ス必船ハ破碎セリ去
理ヲ察スレバ恐クハ是八丈島ナラン来春三
月ヨリ四月ニ至リテ便宜アルヿ必然タリ果
メ翌年夏再ビ先生ノ門ニ来テ親謝シテ云曩
ニ難船ノ占考寔ニ的中明斷神ノ如シ船ハ破
碎シテ乗人六八丈島ノ續キ三宅島ニ漂着シ
十六人漸ク官粟ヲ給フヿヲ得テ保命シ春去
至テ三月便船ヲ得テ江都ニ至リ既ニ公許ヲ
蒙リテ而後四月下旬十六人共ニ歸國セリ實
ニ蘇生ノ如シ悦ニ堪タリコレニ因テ今復新

船改造ノ吉凶ヲ問テ先生ノ戒辞ヲ俟トイフ
是等ノ断奇トスルニ非ストイヘ𪜈初學ノ階
梯タラント欲シ爰ニ録ス嗚呼先生ノ易學相
學ニ於テ巧發奇中所面ニ居試ルベシ多ク及
サズ

文化十又三灌佛日

門人伊勢　木場好古敬識

六十四卦目次○乾下卦之部

乾為天 上ノ一丁
澤天夬 下ノ十丁
火天大有 上ノ十三
雷天大壯 下ノ三丁
風天小畜 上ノ九丁
水天需 上ノ五丁
山天大畜 上ノ廿二
地天泰 上ノ十丁

○兌下卦之部

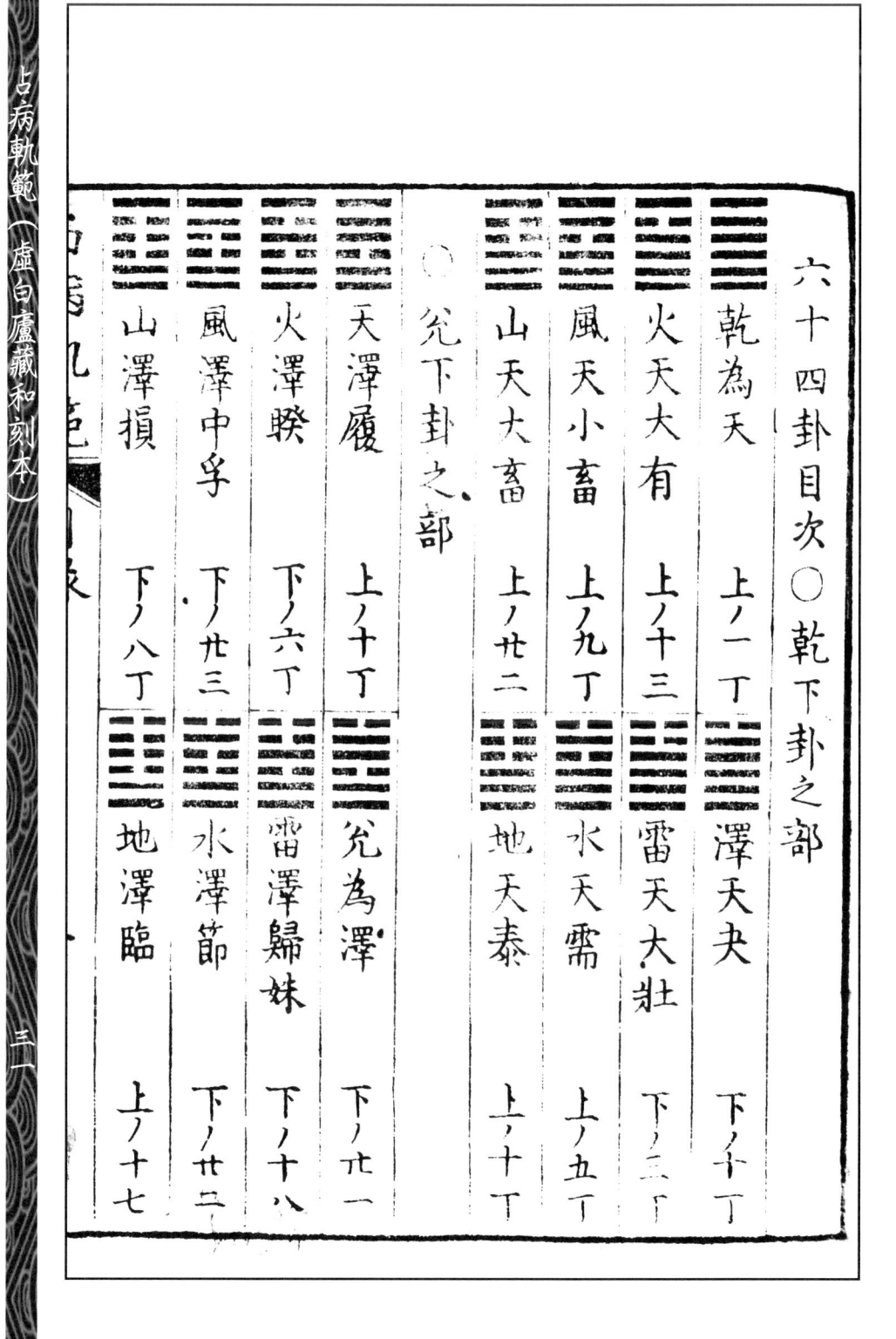

天澤履 上ノ十丁
兌為澤 下ノ廿一
火澤睽 下ノ六丁
雷澤歸妹 下ノ十八
風澤中孚 下ノ廿三
水澤節 下ノ廿二
山澤損 下ノ八丁
地澤臨 上ノ十七

○離下卦之部

天火同人	上丿十二	澤火革	下丿十四
離為火	上丿廿五	雷火豐	下丿十九
風火家人	下丿五丁	水火既濟	下丿廿五
山火賁	上丿十九	地火明夷	下丿四丁

○震下卦之部

天雷无妄	上丿廿二	澤雷隨	上丿十五
火雷噬嗑	上丿十九	震為雷	下丿十六
風雷益	下丿九丁	水雷屯	上丿三丁
山雷頤	上丿廿三	地雷復	上丿廿一

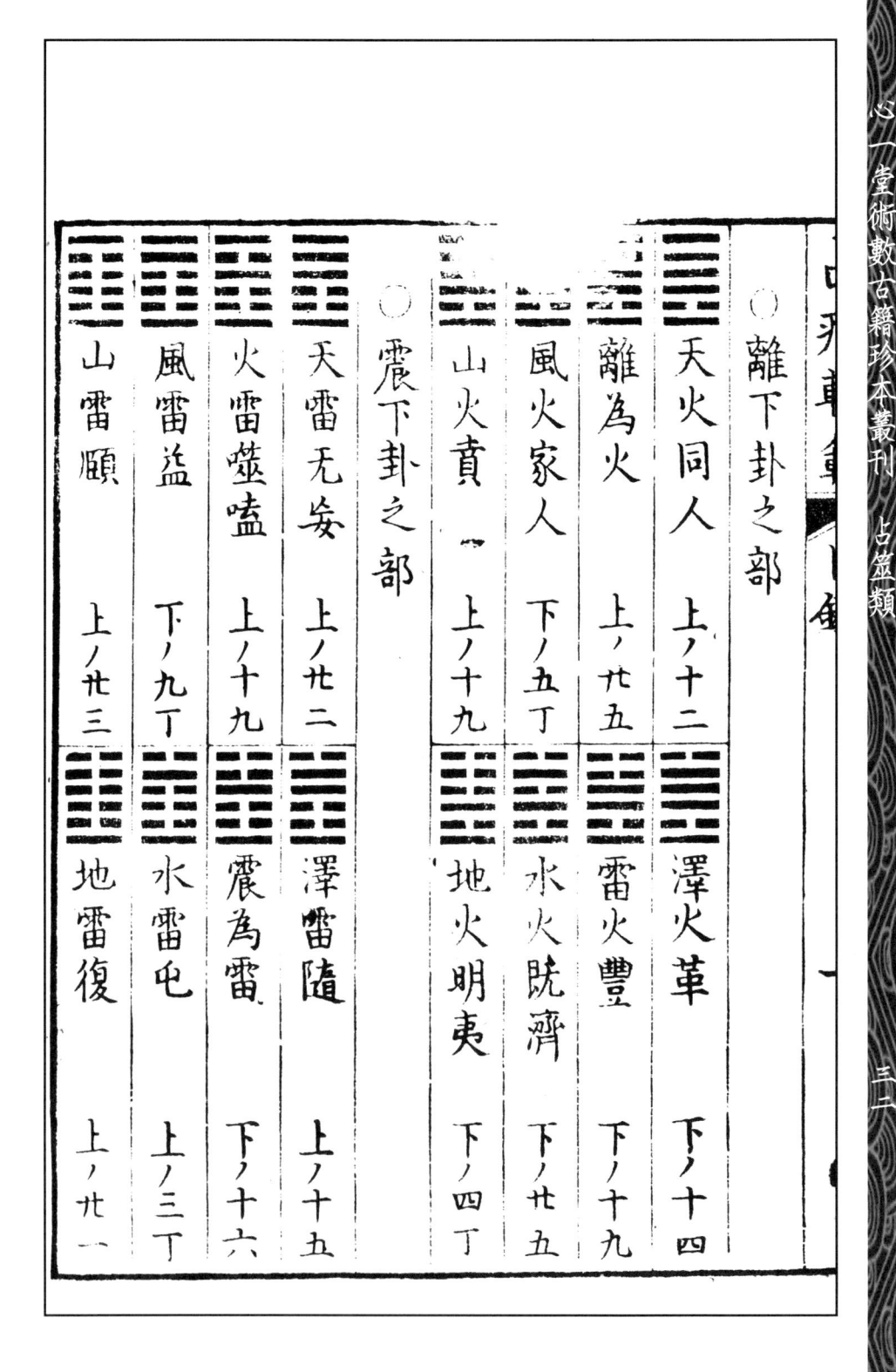

○艮下卦之部

天山遯　下ノ二丁
澤山咸　下ノ一丁

火山旅　下ノ十九
雷山小過　下ノ廿四

風山漸　下ノ十七
水山蹇　下ノ七丁

艮為山　下ノ十六
地山謙　上ノ十四

○坤下卦之部

天地否　上ノ十一
澤地萃　下ノ十一

火地晋　下ノ四丁
雷地豫　上ノ十五

風地觀　上ノ十八
水地比　上ノ八丁

山地剝　上ノ二十
坤為地　上ノ二丁

古屋鋪女亥
方荒神ガ古
井霊ニ祟障
治難シ夜重ク日
中輕シ症悩
重クハ亡
女難欲シ
外ヨリ
病ハ病ノ数
傷寒ノ類

占病軌範卷之一

鶴洲井上主殿敎親　著
男　觀國孟光　校
横田知幸　持

☰ 乾為天

乾ハ陽ニシテ病多ハ表ニ在テ頭痛發熱悪寒或ハ腹痛浮腫骨節疼痛筋攣急アルベシ蓋純陽ノ卦義ナレバ陽氣盛ナルヲ以テ外見ハ輕キニ見エ陽進メハ病亦随テ進ム陽常ニ安靜ナラズ病必動氣アルベシ又心氣鬱滞ノ意アレバ必物ニ忌嫌ヒアルベシ又陽有餘ナレバ陰必不足ニシ

テ浮腫痰飲等ノ変ヲナシ婦人ハ經水不順ニシ
テ腹満血脹等アラン夏時此卦ヲ得レハ[illegible]
氣ニ困ルノ證アリ難治ノ患トス秋ノ時ハ病劇
症タリ然レ遂ニ痊ベシ土用ニ得レハ平也トス●
初変風寒ニ因テ氣上衝シ四肢微冷或ハ足酸痛
等アルベシ○二変熱壯ニシテ煩渇シ口苦ク胸
脇苦満飲食無味大小便不利シテ足ニ難アリ治
ヲ誤レバ命危シ蓋血症ノ患アルベシ○三変疼
咳アリテ腰脚冷痛シ又下利アルベシ○四変心
下痞シテ微痛或ハ腹拘急シテ積塊アルベシ●

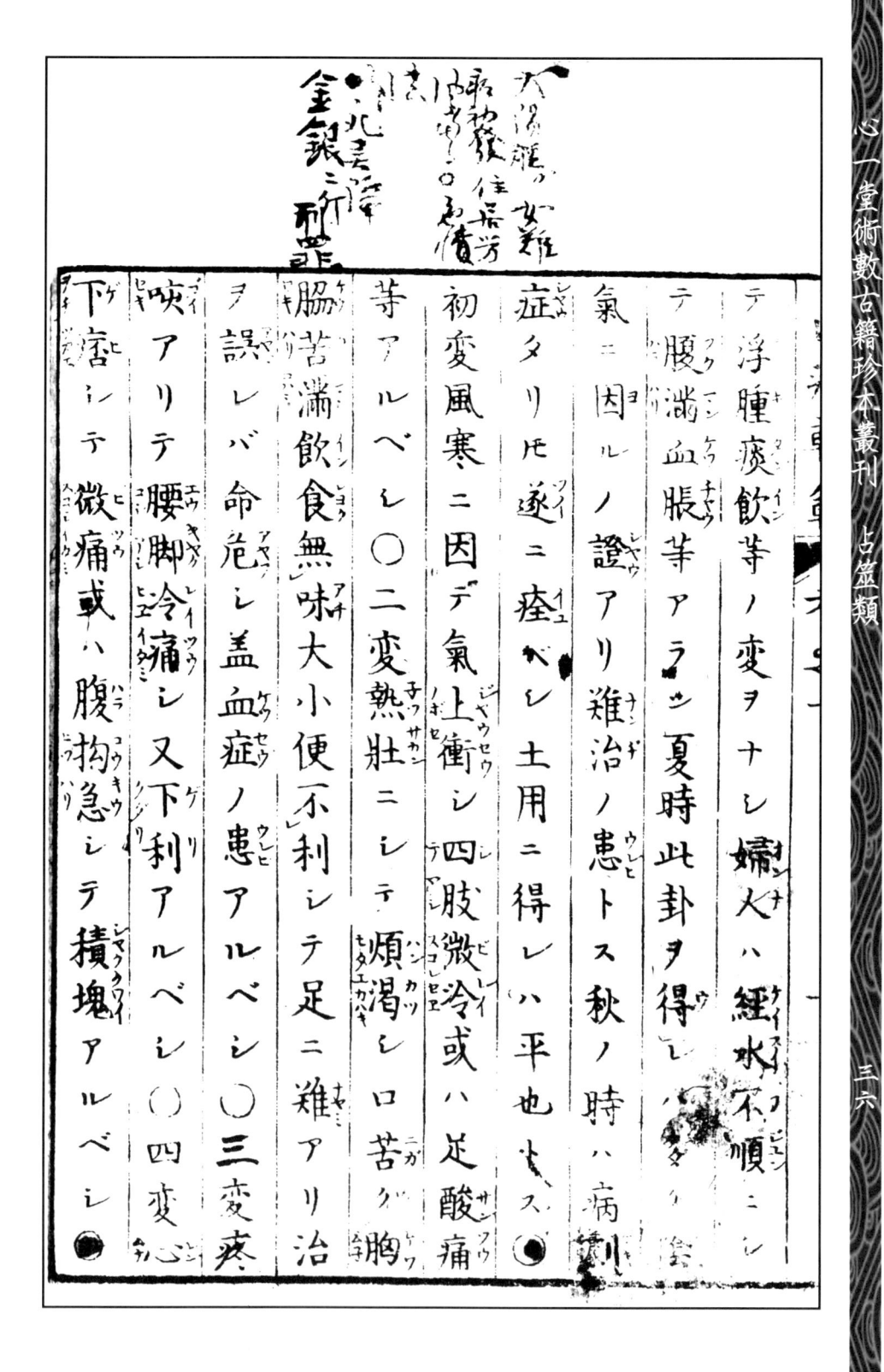

五变熱氣盛ニシテ逆上シ胸背及ヒ眼目痛速ニ
不施治ハ危シ重病急證五日ノ後或ハ丙丁ノ日
五ケ月ニ至テ危シ吐血痰血ノ患アリ○上変ハ咳
嗽嘔吐アリテ軽カラズ遂ニ危篤ノ證ニ至ル此
頭痛壮熱ニ因テ諸症ヲ変出ス

☷ 坤為地　地神崇雑例ノ怨女カ十五日君乳有　厨爰ニケ所崇リ

脾胃ノ虚ナルニ因テ飲食渋滞シテ腹脹ニ便通
利セズ是多ク濕氣ヲカスル症或ハ身ニ班点ヲ
生ズル丁アリ又四肢沈重婦人ハ血分ニ不足ア
リテ病必重シ男女ﾓ微黄微黒ニシテ多ク難治

ノ證○初変肝氣壮ナル故物ニ就テ性急ナリ又
肝亢リテ身体拘急シ微痛ス此本肝木脾土ヲ剋
スル故ニ病必再發ノ患アリ急ニ治療ヲ加ヘサ
レハ重病ニ至ル春時得レ筮危シ○二変濕熱脾腎
ヲ犯シ或ハ楊梅瘡又雁來瘡ノ類大小便共ニ澁
ル意又大便ニ血ヲ帯ルヿアルベシ○三変氣内
ニ欝スル是ヲ以テ項背拘急メ痛ミ肩膊及ヒ又
腰脚牽引又腫脹或ハ身体痿痺ス○四変肝積ニ
因テ氣脇下ニ拒ミ筋掣痛ス婦人ハ血積血塊總
シテ血分ノ患重病急症四日ノ後或ハ甲乙ノ日

或ハ寅卯ノ日或ハ四ヶ月至テ危シ○五變胸満
シテ下部虚シ気血調和セズ又肩背ニ癰腫ノ類
ヲ發スル等ノ事アリ是皆気血乏シキニ因ル遠
ニ可施治○上変頭痛眩暈痃癖或ハ中風半身不
遂又上逆下虚ノ症アルベシ病不軽医ヲ轉シテ
吉

䷂ 水雷屯○長袖怨蛇ノ失カ十九日佛ノ祟リ家内ニ虫ノ祟有
肝氣亢リテ気鬱塞シ息短促ニシテ物ニ怒リ或
ハ悲ミ又勞咳ノ證或ハ小便渋リ大便時トシテ
下利シ又秘渋シ或ハ脹満ノ類又瘡毒瘡疥虫積

便膿血婦人經水不順又産後ノ患又上部ニ於テ
頭痛眼目ノ患アラン夏時ハ雨湿或ハ夜陰ノ濕
氣ニ冒サレ冬ハ寒冷ニ感メ發シ難ムトス○初
変脾胃不和シテ大小便渋リ滞ル但湿氣ヲカヌ
ル故下部ニ痛痒等アルベシ○二変痰喘急迫及
ビ骨節疼痛アリテ危證ノ兆秋時ハ重シ重病急
症ハ二日ノ後或ハ庚辛ノ日又申酉ノ日二ヶ月
ニ至テ危シ○三変時々發熱有テ氣虚ニ属スル
證軽キニ似テ不軽大便秘結等アルベシ或ハ吐
血下血ノ患アルベシ○四変腹脹アリテ時ニ腹

拘急メ痛ム尤痰飲ヲ夾テ不軽時巳ニ秋ナレハ治スル事難シ重病急症四日後或ハ四ケ月ニ全テ危シ或ハ庚辛ノ日申酉ノ日危シ○五変病再發アリ旺頓ニ治ス○上変風邪ノ證ニ氣虚ヲカ子タリ或ハ頭痛或ハ腰足ノ痛アルベシ

山水蒙　丑寅ノ方佛ハ十七日崇リ有家ヲ交ル人ノ怨ヲ

心氣鬱悶シテ氣血循環セズ四肢沉重シ痛ミアルベシ又風寒湿ノ時気ニ冒サレ飲食心下ニ在テ消化セス故ニ胸腹満シテ逆上シ因テ眼赤澁トス其病急ニ不治其人物ニ好嬿アリテ食ニ過

不及アリ全ク脾腎ニ湿氣ヲ蓄フ故ニ目昏耳鳴
等ノ諸症ヲカ子患フ此卦象瘡毒ハ不全痊故ニ
毒氣内ニ凝滞シテ遂ニ腫塊ヲナシ膿血出テ久
シテ不痊逆上強ク耳鳴頭痛耳聾等ノ證トナル
愼テ治怠ルヿ勿レ○初変痰飲咳嗽シテ咽中不
利又足痛ヲナス沮シ服藥應シガタシ或ハ嘔吐
シテ足微冷スルヿアリ○二変熱ノ往来アリテ
上衝シ足痿癈シテ下部ノ患内虚ニシテ上盛ト
ナルノ症蓋シ重病急症ハ二日ノ後或ハ二ケ月
ニ至テ危シ或ハ戊己日未申ノ日危シ○三変

湿ノ気ヲ含ミ身体倦懈腰脚拘攣シテ痛ム
ヲ轉シテ可也又二便不利シテ腰足浮腫アル
シ重病急症三日ノ後或ハ三ケ月ニ至テ危シ○
四変肩背強急シ又腹痛ス又心気鬱塞シテ眼目
赤ク耳鳴等ノ上部ニ難ミアルベシ○五変痰涎
アリテ熱ニ發止アリ又胸膈痞塞シテ不快風邪
ヲカ子タル症タリ○上変骨節軟弱ニシテ頭重
シ或ハ湿気膿血脾腎ノ症重病急症六日ノ後或
ハ六ケ月ニ至テ危シ或ハ戊已ノ日或ハ未ノ日
危シ

水天需　児霊カ古刀物祟時々目ヲ煩古井障
氣鬱氣積又酒ノ為ニ病ヲ發ス熱ニ發止アリテ
發スルトキ狂言忘語顛狂ノ如ク小便淋瀝ノ患
アルベシ婦人ハ氣血虚衰ノ證アレハ急ニ可慎
也遅ケレバ死證ニ至ル又水腫ノ意アリテ難治
蓋シ此卦ニ於ケル宿飲停水雨湿寒邪ノ為ニ破
ラレ痰喘留飲アリテ勞證ニ似テ長病難治ノ意
アリ○初変陽氣乏シク陰氣壮ニシテ足脚ニ難
ミ風邪ヲカヽ子後脚氣ニ属ス蓋シ初二三変危シ
重病急症三日ノ内或ハ三ケ月ニ至テ危シ○二

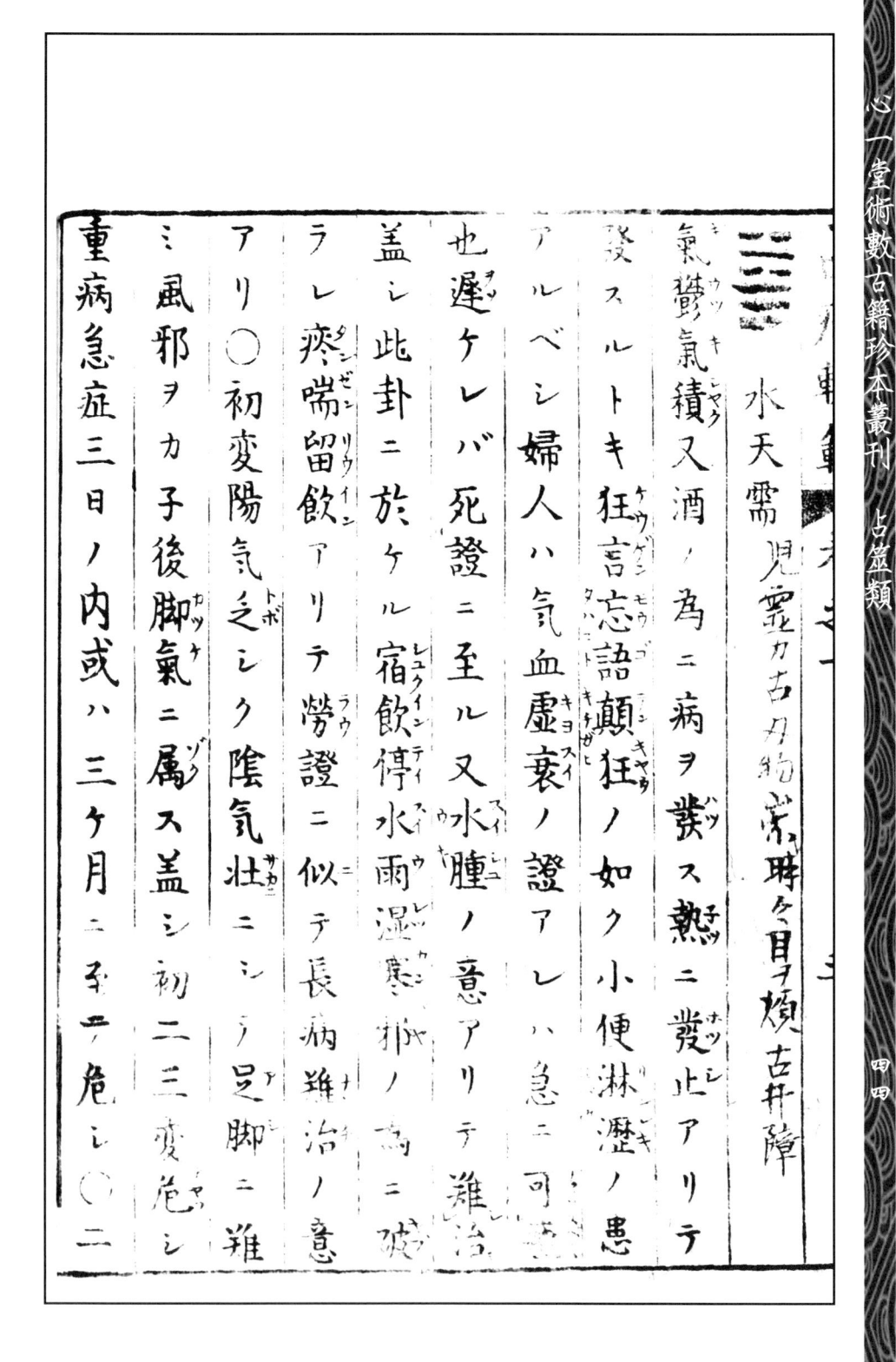

変發熱アリテ氣上衝シ大便秘シテ渴ス常ニ心
氣ヲ勞スル人ハ病難治レ壯弱ノ人ハ色情ニ氣ヲ
感シテ内虛ニ屬ス老人ハ心氣虛ナリ○三変腰
痛シテ手足冷或ハ湿家ノ人痼疾筋骨痛ンテ危
キニ近シ又下利アルベシ或ハ痰咳ノ患咽喉口
中ノ痛等アルベシ○四変痰喘急迫又胸脇苦滿
心下痞鞕或ハ浮腫アリテ病不レ軽重病急症四日
ノ後或ハ四ケ月ニ至テ危シ○五変食滞或ハ湿
ヲカ子固ヨリ体氣虛スル證アレバ老医ヲ乞テ
可レ得レ治ヲ○上変心氣鬱滞シテ勞痎ノ如ク長病ナ

ルベシ或ハ風邪ヲカ子テ頭痛アルベシ、婦人ハ
経水ノ滞アリ

天水訟 七九日 靈ガ目ニ入ノ怨ミ有又随神祟有
氣ノ為ニ被觸冒頭痛發熱往来寒熱又宿
痰ノ類婦人ハ経水不順ニシテ氣血ノ虚アリ又
酒毒及ビ膿血ノ患ヒ或ハ心腹疼痛眼目昏ク或
ハ腰下ノ病腫物又氣欝ノ兆アルカ何レ難治ノ
證○初変痰咳急迫ノ證骨節痛ミ四支冷テ危難
ニ迫シ○二変上逆シテ下虚シ胸中不利足軟弱
ノ證或ハ足痿痩總テ氣血不順○三変傷寒時疫

ノ類大小便不利ニシテ浮腫ノ患或ハ腰足ノ痛ミ
アリ婦人ハ經水不順ニシテ既ニ姙身ノ如シ
四変胯下ニ有毒テ難ミ或ハ拘急ス〇五変發熱
上衝ノ證アレ𪜈治シ易シ然𪜈胸痛ノ患アレハ
重病ノ兆〇上変身痛ミ大ミアレ𪜈後病治
スベシ又頭痛痰咳アリ壯若ノ人ハ冷濕ヲカ子
テ首或ハ咽喉痛或ハ身體カラミテ痛ムベシ老
人ハ氣血虛衰ノ症タリ

䷆ 地水師　月中旬 壅而地ノ爭訟 家相論又人ノ怨ミ有

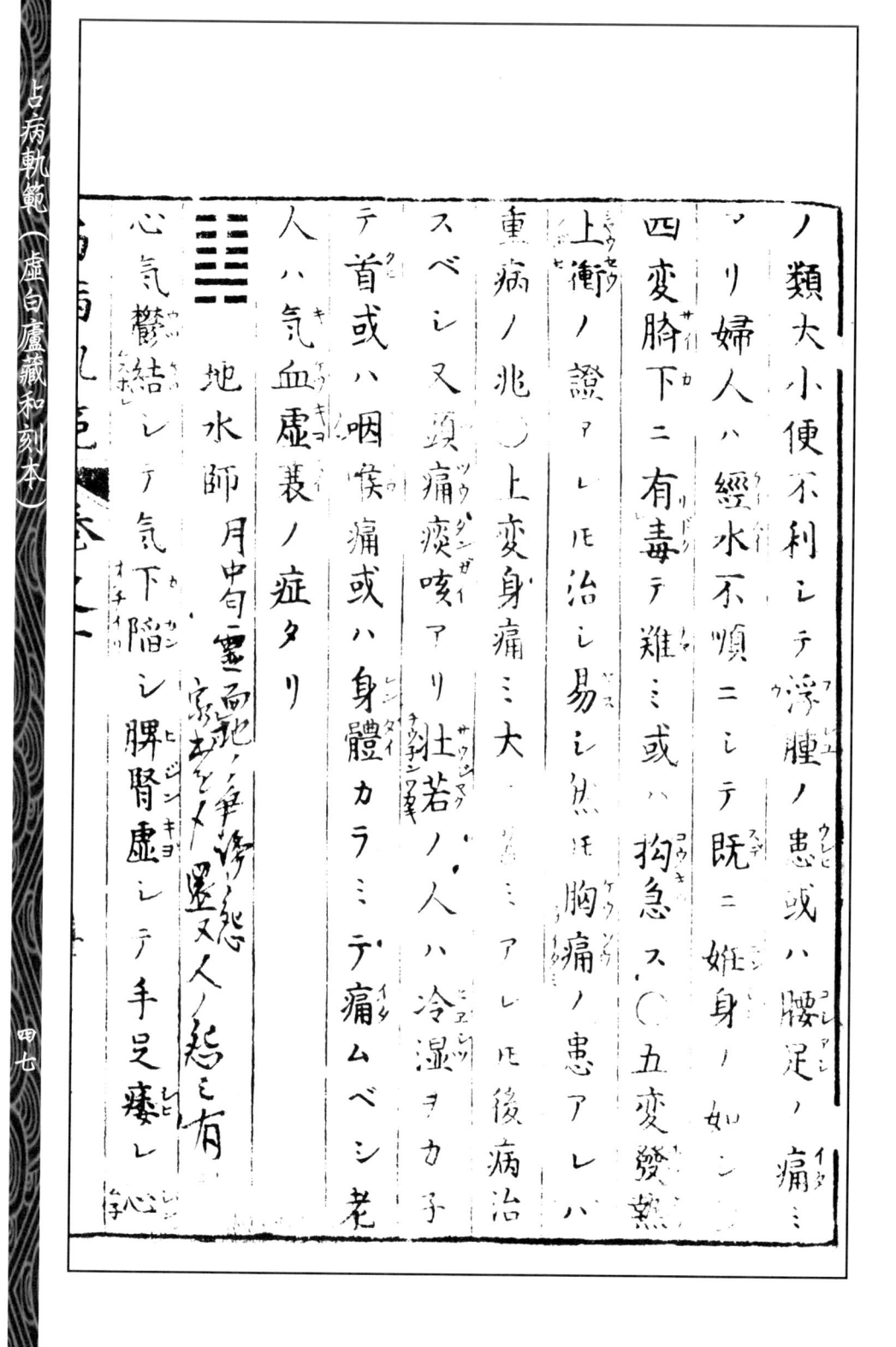

心氣鬱結シテ氣下陷シ脾腎虛シテ手足痿レ

腹時ニ痛ミアリ湿気ヲ兼ル故ニ癰毒膿血ノ患
アリ小児ハ蟲症老人ハ身体痿痺アリテ中気ノ
婦人ノ血分ノ難ミアリ○初変痰飲四支厥冷
或ハ疼痛ス老人ハ軽カラズ或ハ口中咽喉ノ痛
ムヿアルベシ○二変脾虚腎虚シテ血液不行身
体四支ニ痺レアリ補益ノ剤ニ宜シ老人ハ死ニ
至ル壮者ハ虽痊必長シ重病急症ニ日ノ後或ニ
ケ月ニ至テ危シ或ハ戊己ノ日或ハ辰未戌丑ノ
日危シ○三変風湿ノ患又眩暈アリ又腰脚牽引
シテ痛ミ或ハ浮腫有ベシ危キニ至ル○四変湿

氣ヲ帶積氣疝氣腹痛遂ニ塊物ヲ生シテ時々發
動シテ痛ム○五変心痛膿血ノ患ヒ又水瀉等ア
ルベシ湿氣痼疾ニ類ス或ハ耳目ノ患ヒ或ハ
疔ノ患アルベシ○上変氣鬱シ朦々トシテ頭面
重ク手足痛ミ眼昏ミ耳鳴等此多クハ湿熱ヲカ
子病危シ

☵☷

水地比四足十四貝八日ニ靈宗艮井ノ宗

脾胃虛衰シ血氣不順ナル故身体四支痿弱ス又
上實下虛ヨリ痞積動氣ノ患ヒ或ハ心腹痛ミ又
湿氣ヲカ子テ膿血ノ證又眩暈痰咳總シテ一身

乍チ腫乍チ減ズ是全ク脾氣ノ不足ニヨル補益
シテ可治若保護ヲ誤レハ危キニ至ル○初変手
足拘攣シ痛ム此肝氣勝テ体衰ヘ一旦ハ病症進
ムノ兆春時ハ危シ又甲乙或ハ寅卯ノ日危シ一
旬ニシテ変アラン○二変瘡毒腫物膿血ノ證或
ハ泄瀉シテ手足微冷シ痼疾アリテ足痛ム○三
変肩背強急シ腰脚ノ患アリテ所謂亀背ノ如ク
膝行シテ病長シ或ハ痰咳ノ患アリテ心下ニ拒
ミ難ム○四変心下痞シ停食痰咳ノ患ヒアレ圧
西方ノ医ヲ乞服薬スレバ遠カラズシテ治スベ

シ○五変心痛虚症陽気乏シク或ハ胸背手臂痛
ミ眼目昏憒メ病危シ○上変頭痛眩暈アリテ起
バ眼昏迷シテ物ヲ見テ分明ナラズ重病急症五
日六日ノ後危シ或ハ甲乙寅卯ノ日病変アリ

☴☰ 風天小畜　四曹ノ死佛祟リ　此卦人ノ総患ニ目祟
積気留飲ニ因テ心胸ヲ塞ギ腹及ビ胸中痛ミヲ
ナシ或ハ拘急シ心煩シテ息促迫ス又痰飲有テ
大小便不快利遂ニ浮腫ノ患ヒトナル婦人ハ血
塊血積四支沈重メ掣痛アルベシ○初変腰足拘
急シテ痛ム又外邪ノ雑ミ痛風脚気ノ類或ハ風

瘀小兒ハ疳虫○二変發熱頭痛大便祕結小水赤ク渋リ食穀無味シテ危キノ證重病急症ハ二日ノ後或ハ丙丁ノ日或ハ二ケ月ニ至テ危シ婦人ハ懷妊ノ如シ○三変痰或ハ咳アリテ腰冷痛ミ或ハ浮腫ノ症アルベシ婦人妊身ノ兆盖シ男女モ留飲ノ症○四変腹満シ時トシテ痛ミ腹内動氣或ハ身ニ浮腫アリテ難治○五変頭面重ク心胸痛ミアリ痃癖或ハ積聚ノ患アリテ危シ○上変寒熱アリテ氣鬱ス或ハ頭痛病軽キニ似テ危シ

☰☱ 天澤履　高神祟六日ニ靈親叙ヲ緩ニ成ス伯居ニ紀宗

痰欬頭痛或ハ中暑中寒又夜陰湿ニ冒サレ形体痛ミ寒熱往来アリテ咽乾キ欝々トシテ心気不爽又胸中不利婦人経行不順ニシテ病危篤ナリ○初変四支厥冷シ泄瀉或ハ裏急後重アリテ痢疾ノ兆或ハ足痛湿気ノ症○二変頭重ク胸腹動悸アリ気ヲ塞ギテ気下降セズ足痛或ハ肝気ノ患ニシテ危症タレドモ天命神徳ヲ仰ギ禱テ吉○三変大便不利ニシテ腰脚冷痛浮腫シテ不治ノ症ニ至ル○四変發熱留飲等ノ難ミ或ハ心下ニ拒

或ハ拘急或ハ浮腫ノ症婦人ハ胎妊ノ兆タリ速ニ不治ハ危キニ至ル○五変逆気上升シ頭痛壮熱心煩腹満シテ拒ミ痛ム或ハ瘀血ノ症アリテ医薬應シ難シ医ヲ轉スルカ薬方ヲ轉シテ吉病軽ニ似テ危シ重病急症五日ノ後或ハ丙丁ノ日或ハ巳午ノ日或ハ五ケ月ニシテ危シ蓋シ眼[illegible]ヲヤムモアリ○上変痰欬喘息ニメ呼吸短促又頭痛等アルベシ軽症ニ似テ不軽

䷊

地天泰吉凶ニ仲离外女ノ鬼ニ動土五黄祟ナリ

氣虚ニ属シテ寒熱往来腹皮拘急シ或ハ腹満又

ハ腰下重ク此軽症ニ似テ軽カラズ○初変逆上眩暈アリテ足拘痛ス此痛風ノ類ニシテ不施治バ危キニ至ル○二変壯熱シテ口煩渇シ大便結シ或ハ痰血ノ患ヒアルカ湿氣瘡毒ノ難ミアルベシ病急ナレハ三日或ハ三ケ月ニ至テ不治ノ症ヲ見ス丙丁ノ日或ハ巳午ノ日危シ○三変脇下苦煩痰咳或ハ腰冷痛ス然レモ可痊○四変肝氣盛ニシテ逆上強ク胸脇苦満又積聚ノ兆○五変胸満シテ氣ヲ塞キ又留飲ニシテ所謂氣鬱労咳ノ如シ治ヲ怠レバ不治ノ症ニ至ル○上変頭

面重ク痃癖ノ患アリ又腹満シテ時々痛ミ心氣
塞テ鬱々トシテ爽ナラズ故ニ病不軽

☷☰ 天地否　月中佛力住居下ニ男物ト山水ノ又土神ノ祟り

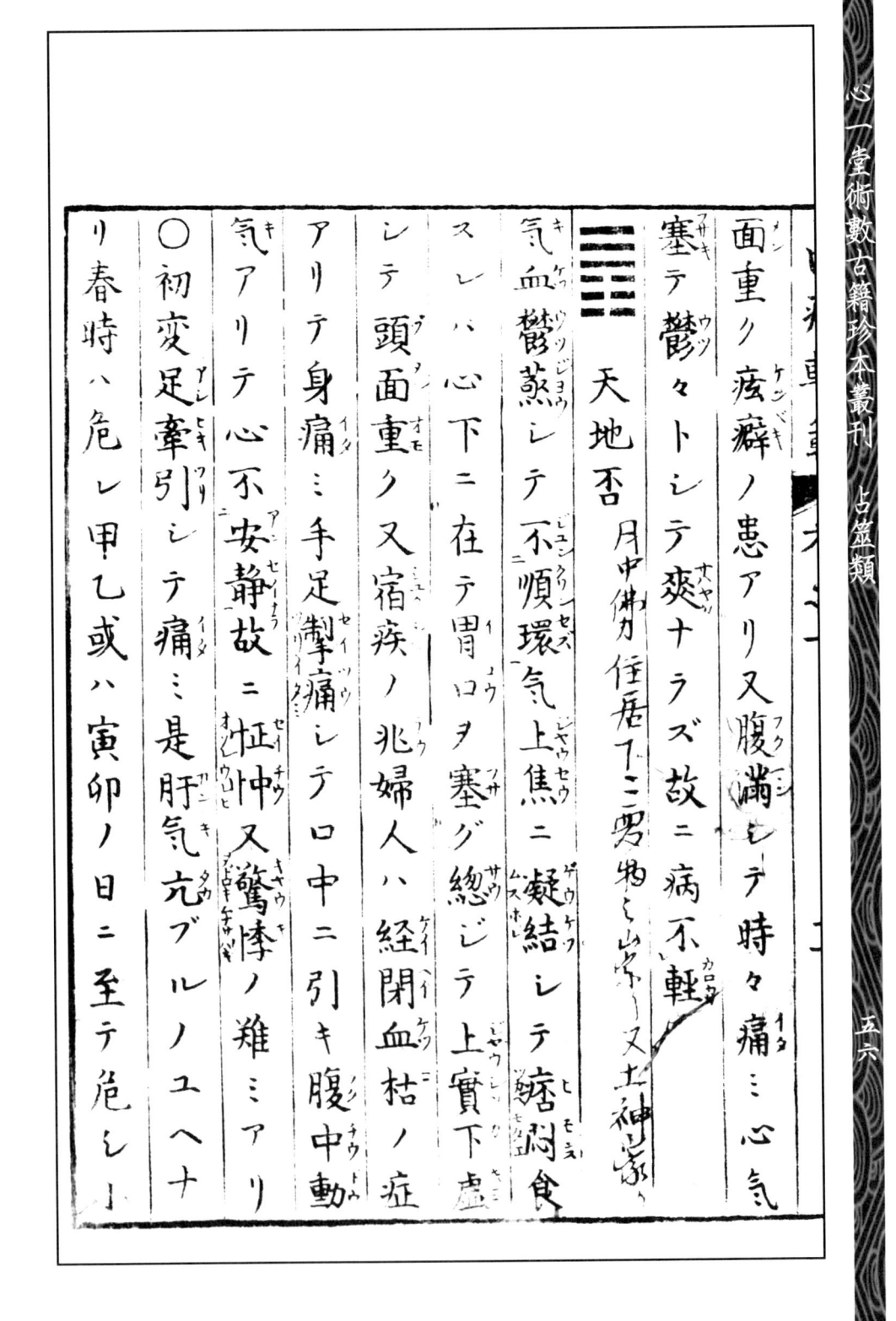

氣血鬱蒸シテ不順環氣上焦ニ凝結シテ瘖悶食
スレハ心下ニ在テ胃口ヲ塞グ總ジテ上實下虚
シテ頭面重ク又宿疾ノ兆婦人ハ経閉血枯ノ症
アリテ身痛ミ手足掣痛シテ口中ニ引キ腹中動
氣アリテ心不安静故ニ怔忡又驚悸ノ雑ミアリ
○初変足牽引シテ痛ミ是肝氣亢ブルノユヘナ
リ春時ハ危レ甲乙或ハ寅卯ノ日ニ至テ危シ

児ハ疳驚風○二変下利或ハ腫物又足脛膝ノ痛
○三変手足及ビ腰間ニ難ミアリ或ハ二便ノ通
利アシク或ハ中風ノ患アリ○四変風邪ヲカ子
積氣心下ニ上攻シ又眩暈等アリテ癇症トナル
四日後或ハ四ケ月ニ至テ危シ○五変心熱薫灼
シテ火ノ如ク既ニ傷寒時疫甚キハ上逆ツヨク
目痛ミ劇キニ至テハ吐血アリ夏時ハ霍乱轉筋
ノ症ニシテ甚危シ小児ハ疱瘡ノ兆或ハ大人小
児目ヲ患ルアリ○上変食ノ鬱滞又痰飲或ハ頭
痛嘔吐咳嗽ノ患アリ速ニ醫ヲ求レハ頓ニ治ス

べし

䷌ 天火同人　月未冊絶シ人ノ死霊有又步生炁

發熱頭痛アリテ時疫温病ノ類又肺熱痰火ニ属スル症或ハ心氣ノ労ニ因テ氣血両虚シテ心腹微満シ痞シテ苦ムコレ上實スレバ下虚シテ大便結燥小水渋テ飲食無味食スレバ乾嘔シテ胃中ニ受容シ難シ病大ニ危シ小児痘疹ノ初發或ハ時候ノアタリ婦人ハ經行ノサワリ又吐血下血ヲ可畏何レモ不軽ノ症〇初変湿氣ヲ帯テ足拘痛痿痺ス〇二変大便秘シ小便渋リ浮腫又痰喘

アリテ多ク難痓或ハ足痛アリ必死ニ至ル十日
或ハ二ケ月ニシテ危シ○三変肝氣亢リ怒氣強
ク腰脚孿急シテ屈伸安カラズ是危篤ノ症ニ似
タレ𪜈治ヲ加レハ一月ハ可痊○四変風邪ヲカ
子テ熱有且臍腹痛ミ婦人ハ妊孕又氣積ノ類ニ
シテ危キニ似テ可得治○五変火熱盛ニシテ胸
膈ニセマリ氣逆上シテ如狂危シト雖𪜈治ス時
疫霍乱ノ症アリテ危シ或ハ眼目ノ患アリ○上
変氣上衝シテ心煩ス是軽カラズシテ難痓堅ヲ
轉シテ吉必痰嗽或ハ嘔吐アルベシ

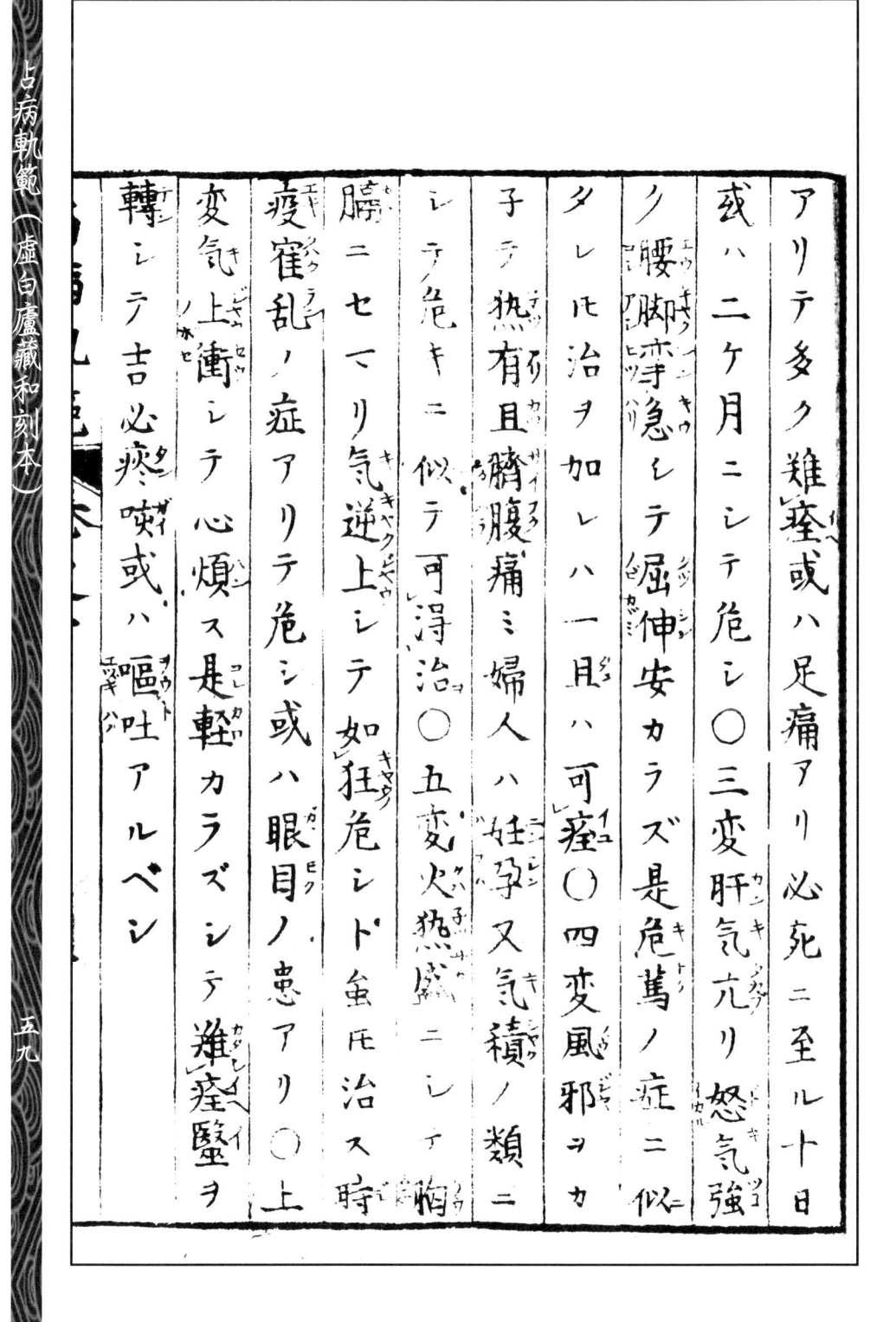

火天大有南神ノ宗古書物器爰品有所宗
疫毒温病又痰ニ因テ火熱強ク熱ニ發止アリ頭
項重ク大患ニシテ急ニ治セズ又眼レブリ或ハ
吐血等アリテ身体労倦ス又水腫中湿中風ノ類
或ハ熱邪盛ニシテ人ノ可験ノ症軽キニ似テ難
治ノ症ニ至ル○初変風邪逆上ノ氣アリテ病轉
変アリ右足又腹部拘急アリ轉医吉ナリ急変ノ
懼アルベシ○二変壮熱アリテ吐血下血ノ血症
ヲ發スレバ死ス二日ノ後或ハ丙丁ノ日或ハ二
ケ月ノ後アヤウシ傷寒温疫ノ類夏時ハ霍乱ト

ナルヘシ○三変痰飲嘔吐又腰痛アルベシ医薬
應ジガタシ○四変積気留飲又腹脹ノ難ミアリ
テ危シ或ハ痿痺トナルベシ婦人ハ血塊脹満ト
ナルベシ○五変眩暈或ハ肺火ノ症或ハ浮腫或
ハ眼目ノ患アリ総症ハ五日ニシテ危シ或ハ長
シテ難治ノ症○上変逆上強ク気實シテ体表ヘ
ルノ症或ハ肝気亢リ時トシテハ乱症ノ如シ

地山謙

合カ目上ノ伸屋補崇書緑ニ障生兒

脾胃鬱悶シテ食穀不化身倦怠シテ四肢ダルク
或ハ痃癖疝積腹脹脚重クシテ有痛内熱伏陰ア

リ老人ハ中気ノ類婦人ハ血分ニ属スルノ症或
ハ男身身体痿痺アルベシ○初変發熱シテ瘡毒
膿血ノ患婦人ハ血症男女共ニ命危シ小児ハ胎
毒又麻疹痘瘡ノ余毒ニシテ危シ○二変風邪ヲ
伏シ逆上強ク足牽引痛又眩暈等アリテ九死一
生ニシテ危シ重病急症ハ二日ノ後或ハ二ケ月
ニシテ危シ○三変脾胃虚弱ニシテ氣力不調腰
痛アリ補薬煉丹ヲ用テ吉○四変積聚肝気盛ニ
シテ心下ニ拒ミ命危シ重病急症ハ四日ノ後甲
乙ノ日或ハ四ケ月ニシテ危シ婦人妊身或ハ血

塊○五変胸背及腰足ノ難ミ有リ又心気鬱シテ心
下痞鞕シ又脾腎ニ湿熱アルノ症故ニ癰疔ノ患
有ベシ○上変頭重四肢痿痺或ハ痃癖ノ患甚ミ

☳☷　雷地豫　廿ノ日佛外出之一家出シタ人ノ怨ミ祟リ有
荒神ノ祟 [illegible] 祟リ有

積気ニ因テ腹中塊物ヲナシ時トシテ痛ミ此脾
腎二臓ノ虚ニシテ若クハ湿ヲカヌル症ハ腰足
痺痛シ或ハ痰咳ヲ発シ因喉腫痛ミ又一身斑点
ヲ発ス或ハ酒毒食滞ヲカヌルコアリ婦人血塊
血積経水ノ滞リナルベシ○初変筋骨痛ミ又足
麻痺ス或ハ肝積或ハ癲癇ノ如ク肝気亢リテ狂

ノ如クノ症アルベシ○二変湿気ヲカヽテ瘡毒
ノ難ミ婦人ハ産後又流産ノ難ミ何レ血分ニ属
ス○三変腹中塊物ヲ生シテ腰下重ク夏時ハ中
暑伏陰ノ患ヒ甚シ男女ﾄﾓ痿痺ノ患トナルベシ
○四変湿熱ニ因テ脾腎虚衰シテ病危シ○五変
疼喘食滞或ハ飲食過度シ脾胃ニモタレアリ○
上変心火盛ニシテ時疫霍乱ノ類煩悶嘔吐アル
ベシ又瘡毒ノ證小児ハ痘瘡ノ初熱婦人ハ血證

䷐ 澤雷隨

陰證ノ傷寒或ハ常ニ多婬ニシテ色欲ニ心ヲ動

カシ發スルノ證病軽キニ似テ不軽或ハ痰瘀盗汗又肝積或ハ筋骨拘急シ痛ミ又心氣ヲ勞スルニ因テ諸症ヲ發ス○初変湿氣ヲ含ム故ニ足痺痛ス又食滞ニ因テ脾胃ヲ損スレ圧遂ニ可癒○二変痰咳或ハ骨節痛ミ手足冷テ難治ノ症重病ノ症ハ庚辛或ハ申酉ノ日危シ或ハ二ケ月ニシテ危シ○三変熱ノ往来アリテ大便結燥レ口煩渇シテ時疫ノ類又吐血出血ノ恐レアリ医ヲ轉シテ吉婦人ハ經行ノ滞リ又帯下ノ證或ハ異病ニシテ轉変スル症アリ○四変留飲腹鳴痰痛心

氣鬱滞シテ冷湿ヲ含ミ婦人ハ血塊血滞アリ
長ビクト虽𪜈治スベシ○五変肝氣亢リ脾衰ハ
假ニモ物ニ就テ怒リ又悲テ心躁シキノ症冬春
ノ病ハ頓ニ痊レ𪜈秋ノ病ハ長シテ重シ○上変
寒熱往来シテ頭痛如破速ニ不施治ハ病進テ難
痊重病急症ハ六日ノ後或ハ六ケ月ニシテ危シ

䷑　山風蠱

頭項重ク肩背強急腰痺痛シテ攣急シ蓋シ毒氣
ニ因テ瘡毒腫物ヲ發シテ腫痛ム然レ𪜈緩病ニ
メ腹中塊ヲ生シテ時トシテ心下ニ逆行シ或ハ

熱ニ因テ蛔虫ヲ生ズ蓋シ傷寒或ハ乱心トナル
ノ症アリ○初変形体手足ニ痛ミアリ或ハ浮腫
有テ難治ノ症トナル重病急症ハ即日或ハ一月
ニシテ危シ又庚辛ノ日危シ○二変四肢重ク身
体痿痺ス此長病ニシテ不軽○三変湿気膿血ノ
患ヒ腰冷痛ミ二便秘渋シテ又浮下スルトキハ痢
疾ノ如シ但シ上逆シテ頭重ク耳鳴目カスミ婦
人ハ産後又経行ノ障アリテ長病トナル○四変
心痛ニ熱ノ發止アリ且逆上シテ不軽ノ症医ヲ
轉シテ吉○五変邪気身熱シ四支倦怠シ胸及ヒ

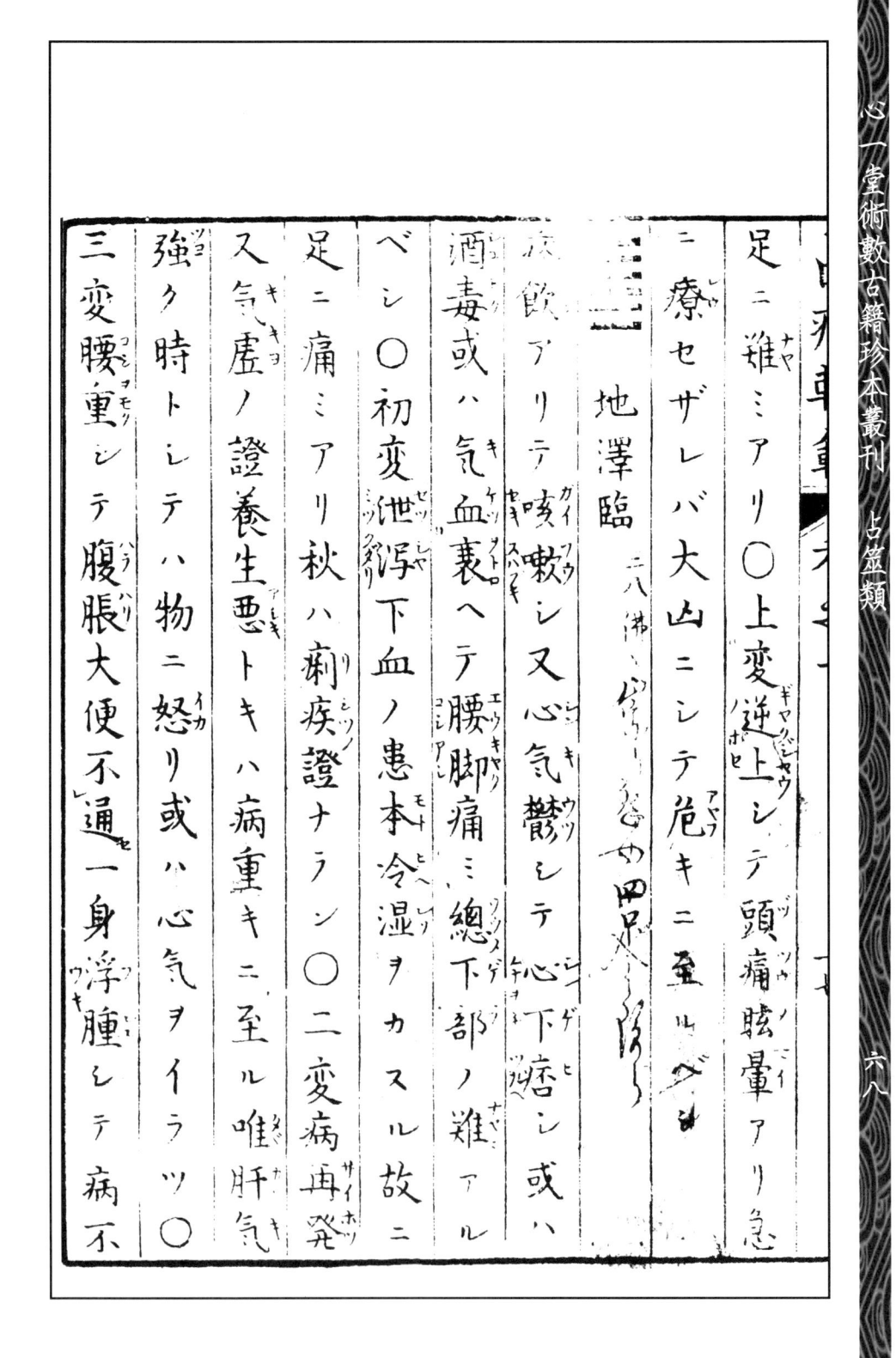

足ニ難ミアリ○上変逆上シテ頭痛眩暈アリ急
ニ療セザレバ大凶ニシテ危キニ至ルベシ

地澤臨

痰飲アリテ咳嗽シ又心氣欝シテ心下痞シ或ハ
酒毒或ハ氣血裏ヘテ腰脚痛ミ總下部ノ難アル
ベシ○初変泄瀉下血ノ患本冷湿ヲカスル故ニ
足ニ痛ミアリ秋ハ痢疾證ナラン○二変病再発
又氣虚ノ證養生悪トキハ病重キニ至ル唯肝氣
強ク時トシテハ物ニ怒リ或ハ心氣ヲイラツ○
三変腰重シテ腹脹大便不通一身浮腫シテ病不

軽ノ症○四変肝積疝積ノ患心下拒ミ脇痛アレ
ドモ可治○五変留飲或ハ関節疼痛或ハ嘔吐宿ニ
食進ミガタク不治ノ症ニ至ル○上変頭痛肩背
凝リ難又脾胃ノ虚アリ

☴☷ 風地観　十右日佛若女怨を夜く崇り 断物三テヨチサ乙神四对

積気又風邪ノ類気鬱逆上頭痛眩暈等又肝気
ブリ脾虚シテ夜難寐此上實シテ下虚ノ證婦人
ハ血虚ノ症男女ドモ似軽難治ニ至ル○初変肝気
壮ニシテ足痛ミ速ニ不施治危ニ至ル○二変下
利又湿気ノ類ニシテ足脛ノ痛ミアリ○三変胸

腨又手腰等ノ難ミ或ハ疝氣ノ患腰痛屈伸ナリ
難キノ症ドナル必重病ノ兆○四変心下痞レ或
ハ攻レ左ニ拒ミ積氣ノ痛ミ頭面重ク下虚ニレ
テ急ニ治レ難レ○五変上實下虚肩背痛或ハ身
体及手足痿痺レ中風ノ類小兒ハ脾虚レ婦人血
虚何ヒ危篤ノ症五日十日或ハ五ケ月ニレテ危
レ○上変虚勞或ハ頭痛耳目ノ患小兒胎毒大人
ハ濕氣ヲカ子或ハ瘡毒ノ患唯心気鬱滞レテ危
篤ノ症ナリ

䷔ 火雷噬嗑 曹佛生辰四寸銅和哭

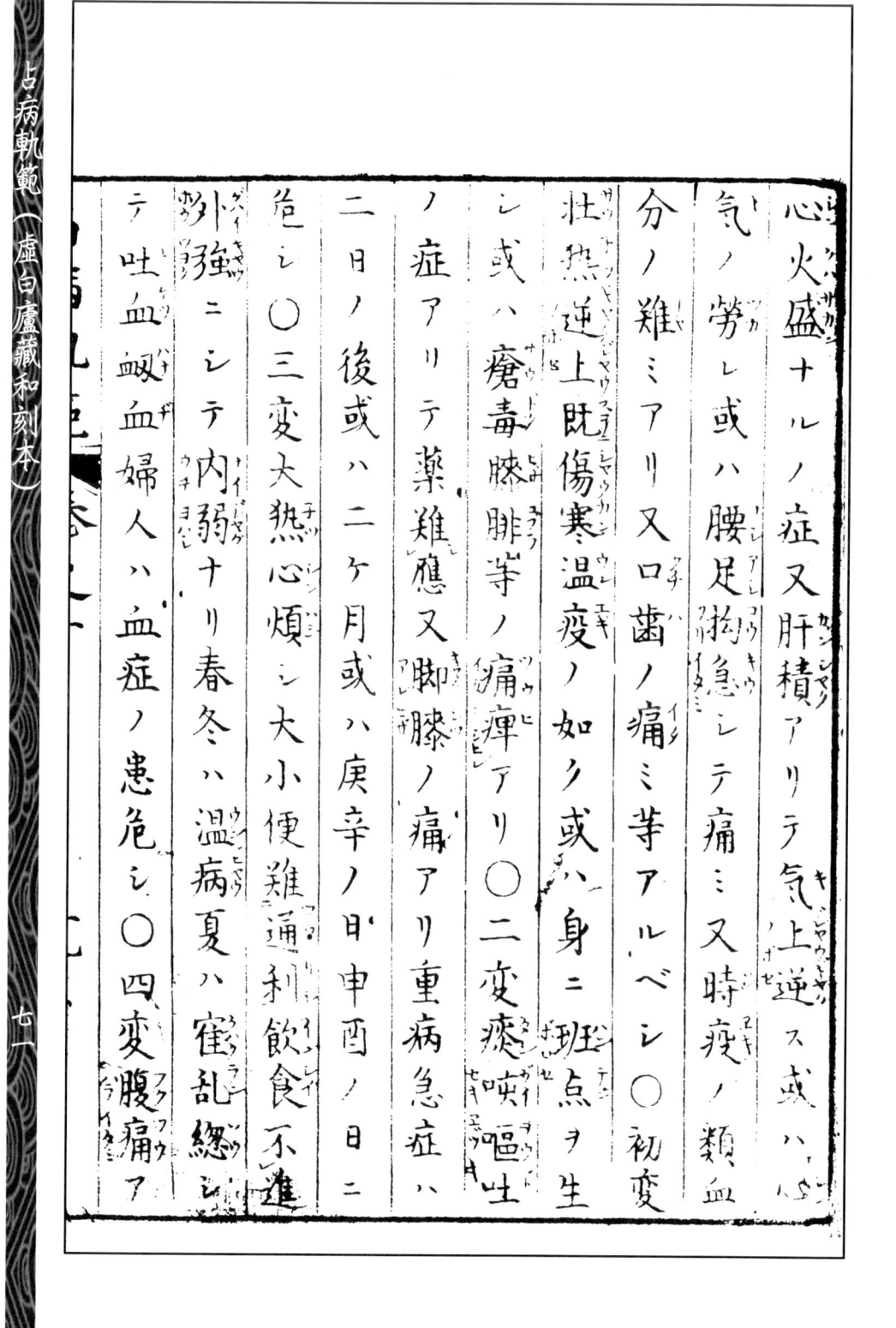

心火盛ナルノ症又肝積アリテ気上逆ス或ハ
気ノ労レ或ハ腰足拘急シテ痛ミ又時疫ノ類血
分ノ難ミアリ又口歯ノ痛ミ等アルベシ○初変
壮熱逆上既傷寒温疫ノ如ク或ハ身ニ班点ヲ生
シ或ハ瘡毒膝腓等ノ痛痺アリ○二変痰咳嘔吐
ノ症アリテ薬難應又脚膝ノ痛アリ重病急症ハ
二日ノ後或ハ二ケ月或ハ庚辛ノ日申酉ノ日ニ
危シ○三変大熱心煩シ大小便難通利飲食不進
外強ニシテ内弱ナリ春冬ハ温病夏ハ霍乱總ジ
テ吐血衄血婦人ハ血症ノ患危シ○四変腹痛ア

リ虛分ニシテ脾氣不和飴食藥用シテ常ニ過食
スベカラス蓋シ手足及身体麻痺ノ症アリ○五
変大凶ニシテ危ノ症或ハ胸中痞塞シ肩背ニ凝
結シテ痛ミ頭重クシテ時々悪寒發熱或ハ浮腫
危篤ノ症五日或ハ庚辛申酉ノ日或ハ五ケ月ニ
シテ病変危シ○上変肝氣壯ニシテ乱症ノ如ク
心不静レヒ遂ニ可治ノ兆

䷕ 山火賁

心脾ニ属スル症ニシテ發熱上衝シ頭面重ク大
便鞕肩背強急四支倦惰コレ湿氣ヲカ子テ瘡毒

ノ患ヒ又心中苦煩小児ハ疳疾婦人ハ産後瘀血
ニ依テ発狂ノ意アリ○初変長病ニシテ四支麻
痺シ脾胃調和セズ○二変二便通利セズ或ハ浮
腫或ハ足痛或ハ口舌及ヒ咽喉ノ痛コレ病軽キ
ニ似テ軽カラス危ノ症○三変肝気亢リ心火コ
レニ乗メ盛ニ逆上シ唇腫痛ミ且腰膝拘急アリ
○四変大熱ニ因テ心下拒ミ苦煩ス唯時疫温病
或ハ夏時ハ霍乱小児ハ痘疹ノ停熱婦人ハ血熱
ノ證ニシテ危シ○五変気上衝メ熱ニ発止アリ
胸痛心煩シ食進ミ難クシテ危篤ノ症○上変多

クハ難治ノ證ニ至ル又瘡腫ヲ發ス小兒ハ胎毒

痘ハ至テ危證

䷖ 山地剝

氣上衝シ虚證ニメ腹微滿シ時トシテ痛ミ是脾
胃虚弱ナル故ニ胃和セズ寒熱往来シ頭重ク久
内傷勞役ノ證身体肩背強リ痛ミ或ハ痿痺ノ症
トナル○初変肝氣亢リ盛ニシテ食スレバカナ
ク足痛テ病不輕甲乙ノ日或ハ一月ニシテ危シ
○二変下焦冷テ足ニ難ミアリ耳鳴テ遍ジカタ
ク或ハ下痢アリ○三変肩背腰重シテ物ヲ負ガ

如ク身体痿痺ス是脾胃ノ鬱滞ニ属ス○四変壯
熱アリテ心下痞鞕ノ難ミアリ春秋冬ハ時疫夏
ハ霍乱ニ属スルノ症危シ○五変風邪ヲカネ肝
氣盛ニシテ逆上強ク九死一生危篤ノ證ナラン
五月ノ後或ハ甲乙ノ日或ハ五日ニシテ危シ○
上変病精力日々ニ衰ヘテ死ニ近カルベシ

地雷復

積氣虚熱アリテ常ニ發作往来アリ平生大望ス
身ニ引受テ心労絶エズ病再發ノ意ニシテ大病
ノ兆アリ婦人ハ氣血衰弱ニシテ経行不順ナリ

占病軌範卷之

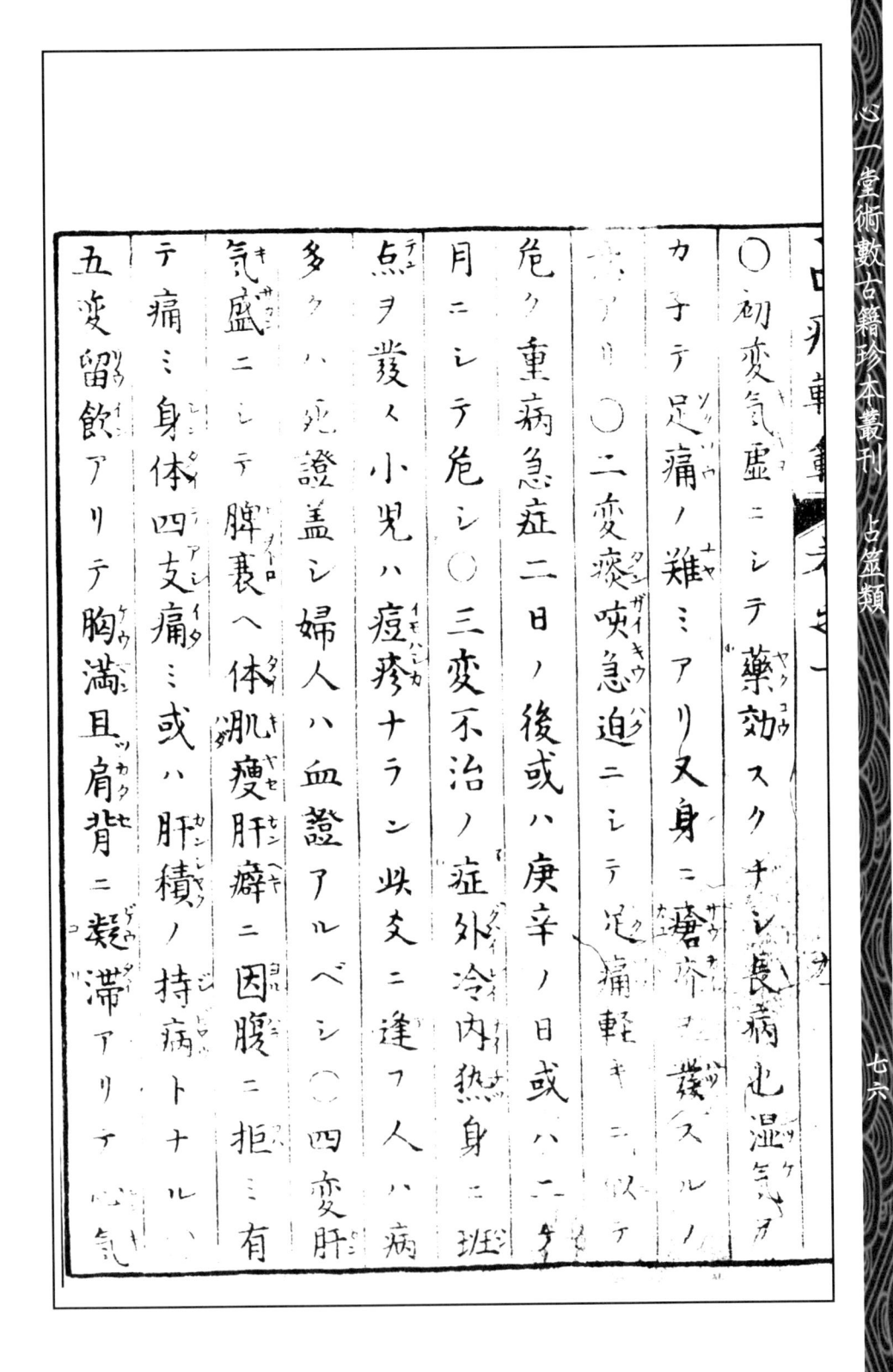

○初変氣虚ニシテ藥効スクナシ長病也湿氣ナカ
カナテ足痛ノ難ミアリ又身ニ瘡疥ヲ發スルノ
[illegible]アリ○二変痰咳急迫ニシテ足痛軽キニ似テ
危ク重病急症二日ノ後或ハ庚辛ノ日或ハ二十
月ニシテ危シ○三変不治ノ症外冷内熱身ニ斑
点ヲ發ス小児ハ痘疹ナラン此爻ニ逢フ人ハ病
多クハ死證蓋シ婦人ハ血證アルベシ○四変肝ニ
氣盛ニシテ脾裏ヘ体羸瘦肝癖ニ因腹ニ拒ミ有
テ痛ミ身体四支痛ミ或ハ肝積ノ持病トナル、
五変留飲アリテ胸満且肩背ニ凝滞アリテ心氣

鬱シ長病トナル○上変頭痛痃癖ノ患又手足痿
痺ス

☰☳　天雷无妄

氣鬱冐シテ頭面重ク或ハ浮腫或ハ癩ミ寒熱往
来アリテ傷寒ニ疑似スルノ證老人ハ健忘ノ類
或ハ痰積婦人ハ血分ノ患藥効更ニナシ○初変
氣鬱四支沉重ニシテ或ハ疼痛アリ又心下痞鞕
シテ不快婦人ハ血虚ノ症○二変痰喘嘔吐或ハ
腫気足痛ノ患アリ心気下陥シテ憂苦不絶病必
重シテ危シ重病急症三日或ハ庚辛ノ日或ハ三

ケ月ニシテ危シ○三変痰火盛ニシテ大便秘結ス養生ヲ怠レバ死ニ近シ或ハ時疫傷寒ノ症ヲ顕ハシ急症ハ三日或ハ十日ニシテ危シ○四変風邪肝積ヲカ子テ腹痛アラン○五変壮熱シテ乱症ノ如ク危キニ似テ病可瘉○上変痰喘頭痛口中痛ミ病不軽治療ヲ怠レバ死ニ近シ秋ノ病ハ必重シ

山天大畜

気鬱積聚アリテ腹満腫脹又腹中塊物アリテ刺痛シ腰足酸痛アツテ晝ハ軽ク夜ニシテ安静ナ

ラス食ニ忌嫌ヒ多シテ難進○初変風邪ニ因テ
裏熱アリ又蚘虫有テ腹拘痛シ足痛或ハ瘡腫膿
血ノ症アリテ急ニ難治小児ハ癇虫或ハ胎毒驚
風ニ二変壮熱アリテ大便結燥シ既ニ傷寒時疫
ノ類吐血下血アリテ難治三日ノ後或ハ二ケ月
ニシテ危シ○三変痰咳アリテ骨節疼痛シ婦人
ハ陰器ニ疵ヲ生スルノ患アルベシ又咽喉或ハ
腰痛アルベシ○四変壮熱心下痞鞕大小便不利
ニシテ病危シ夏ハ必死ニ至ル急症ハ丙丁ノ日
或ハ四日ニシテ危シ○五変胸満シテ腹皮拘急

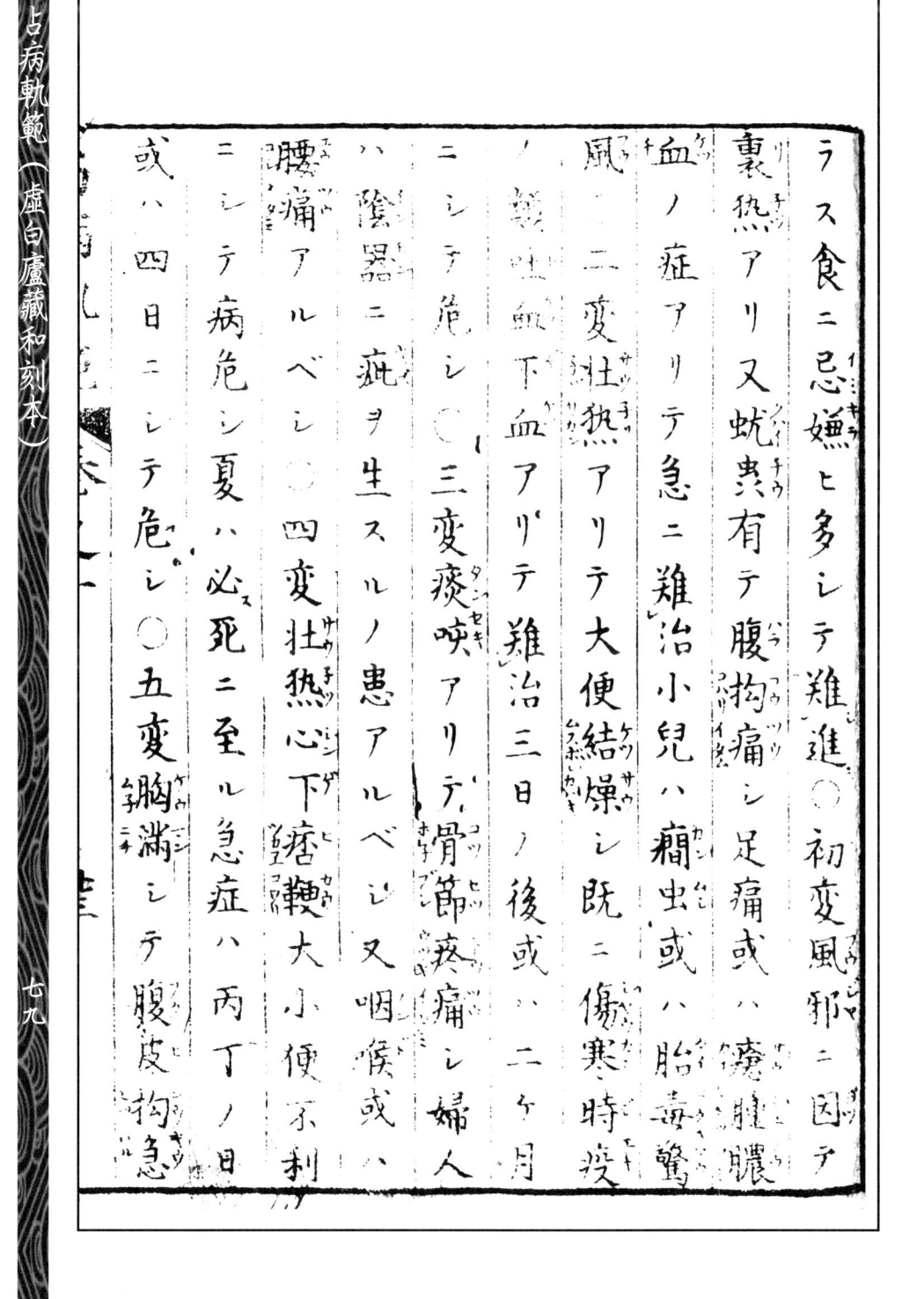

シ痰飲鬱積◯上変氣虛ノ症ニシテ頭面ニナヤ
ミアリ老医ヲ乞テ可得治。

山雷頤　四七日佛ノ系[illegible]

脾腎ノ虛アリテ氣鬱頭痛又寒邪ニ因ノ症藥速
効ナシ中年ノ人ハ心氣ヲ勞シ婦人ハ氣下陥シ
テ氣積ノ證小兒ハ食物ノ停滞◯初変氣血不順
ニシテ胃氣和セズ身体痿痩手足重ク老人ハ半
身麻痺シテ中氣ノ類壮年小兒共ニ危シ◯二変
痰咳アリテ足痛ミ秋ハ危シ若キ人ハ骨節ノ痛
ミアリ◯三変病危シ熱アリテ頭痛逆上シテ大

便結シ腰下ニ雍ミアラン○四変心積ニ因リ左ノ脇刺痛ミ又時気ノ障或ハ痼疝ニシテ乱心ノ如シ然氏病可痊○五変風邪又肝経ニ属スル證ニシテ手足掣痛アリ又胸痞○上変病再発アリテ急ニ不治頭肩背ニ雍ミアルベシ

澤風大過

腹堅満或ハ寒邪ノ滞リ二便渋テ雍通病不軽不治ノ症ナリ又脇下腹部ニ痛ミアリ又気鬱結シテ欬嗽腫気アルカ腹中ニ塊ヲ生テ大ニ雍ム婦人ハ血塊鼓脹経行ニ障リ又脚気腫満ノ類○初

変筋骨疼痛痰喘促迫シテ浮腫アリ必死ノ證急
症ハ即日或ハ庚辛ノ日或ハ一月ニシテ危シ○
二変氣血両虚小児ハ脾虚脚痛ム頓ニ治スベシ
醫ヲ轉シテ吉○三変腰冷痛或ハ下利水道快利
シテ少シハ心ヨキ意蓋シ湿氣ヲカ子テ痔疾或
ハ麻疾等ノ難ミアルベシ婦人ハ血症ノ患アラ
ン○四変心下ニ毒アリテ拒ミ且湿氣ヲカスル
症腹冷痛或ハ耳口ノ難ミアリ○五変四時感冒
或ハ宿疾ノ積氣或ハ肝積胸足ノ痛アルベシ必
シモ医ヲ轉スベカラズ○上変寒熱往来アリテ

頭痛病輕キニ似タレ圧危キニ至ル六日ノ後或
ハ庚辛ノ日危シ長病ハ六ケ月ニシテ危シ

☵☵ 坎為水

邪熱アリテ邪魅ニ觸ガ如ク心氣憂苦又酒毒寒
熱ノ發止アリ或ハ濕氣ヲカヌル證ニシテ腫瘡
膿血或ハ濕毒深ク結毒トナリ足痛アルベシ
或ハ狐狸ノ所為ニ似タルノ證○初変痰咳嘔吐
骨節疼痛シ四支冷痛シテ危篤長ビクノ症○二
変湿熱脾腎ニ畜積シ遂ニ膿血ノ症トナリ手足
痿痺シテ虚衰シ氣力難調故ニ病難治一旬ノ後

或ハ戊己ノ日或ハ辰未戌丑ノ日或ハ二ケ月ニ
シテ危シ○三変氣力不調故ニ遂ニ欝積シテ腰
下ニ浮腫等ヲ發ス長クシテ危シ○四変痰喘ア
リテ胸膈疼煩シ痼疾ノ患トナル或ハ酒毒ニ因
テ病長シ難治ノ症○五変気血ニ虚衰シテ身
体四支或ハ胸背痛或ハ痿痺ノ症アリテ危シ○
上変逆上シテ頭痛強ク風湿邪気ノ證タルベシ

☲ 離為火

時候ノ氣ニ觸冒サレ表熱アリテ病ニ發作往来
アリテ頭重ク又吐瀉アリ熱気ニ因テ眩暈逆上

又眼目痛ミ婦人經水ノ滞又憂悲ニ因心氣ヲ労
シ心熱内ニ伏シテ口苦ク食ニ無味○初変湿ニ
ノ併病メ四支沉重心氣不足シテ足痺痛シ長病
トナリテ後危キニ至ル○二変煩渇シテ大小便
快利セズ又足腫痛アルベシ若腹脹ノ證ニ至レ
バ危シ○三変肝氣壮ニシテ躁シク發狂ノ如シ
是熱ニ因テ譫言妄語アリ傷寒時疫ノ症トナル
事アリ蓋シ腰足ノ痛ミアリ○四変心脾ノ虚脱
心胷ノ痛ミ尤モ危シ蓋シ身体四肢痿痺ノ患ア
リ○五変心肺迫切上衝シ或ハ浮腫ヲ顕シ重病

危篤ノ症但シ眼目ノ患アリ○上変頭痛眩暈ア
リテ病不輕此卦初爻四爻五爻上爻ノ変
ク危シ

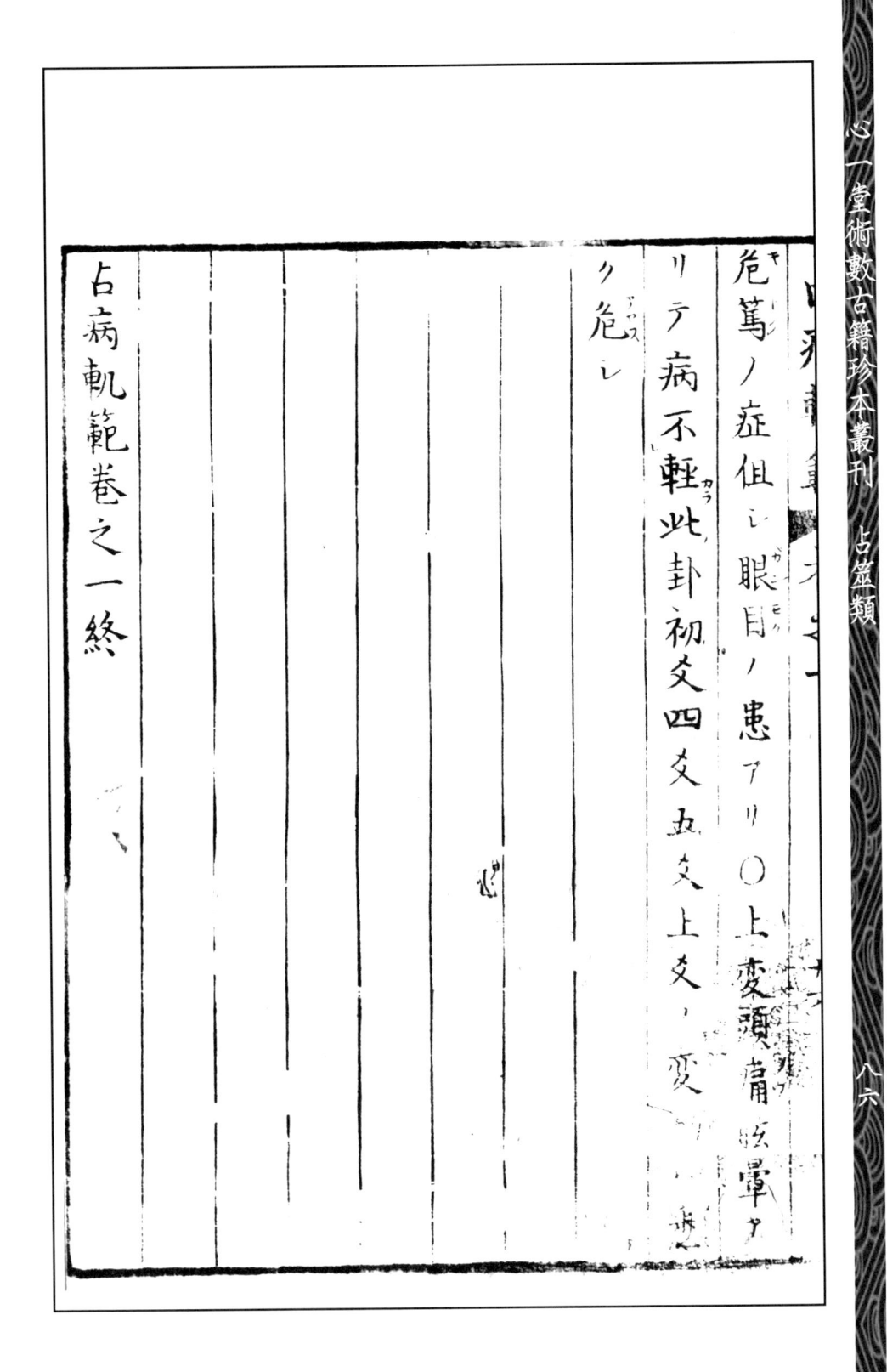

占病軌範巻之一終

杓屋上ニ有是則春　女卜云鬼神所業

杓床ノ上ニ有是則神霞　云鬼神所業

鵄鳴　空ハ遠則聽吏卜在階　火灾有

屋下ニ怪声有　是ハ夜底卜云鬼神業　禍福

金鳴音ナ聲　女卜云鬼神所業　禍不

鼠ノ衣服ヲ

蜂

人衣血ニ　有其鬼

狐狸声

出蛇夢　臨月　呼時ハ忽ニ悪夢

梅

破木

右背日出

午生卯陽一

廿七

占病軌範巻之二

鶴洲井上主殿教親　著
男　觀國孟光　校

䷞ 澤山咸

壯年ノ人ハ色情ヨリ發スル病證ニシテ氣鬱心力ノ勞レアリ又四時感冒ヨリ發シテ胃氣平ナラス痰咳盗汗等アリテ勞疫ノ症トナリ軽キニ見エテ軽カラズ危篤ニ殆シコレ急ニ不治バ長病難治ノ證ニ至ル又肝積アレバ灸治可ナリ大切ノ病人ニシテ介抱人ノ勞ニ因テ遂ニ危キヲ

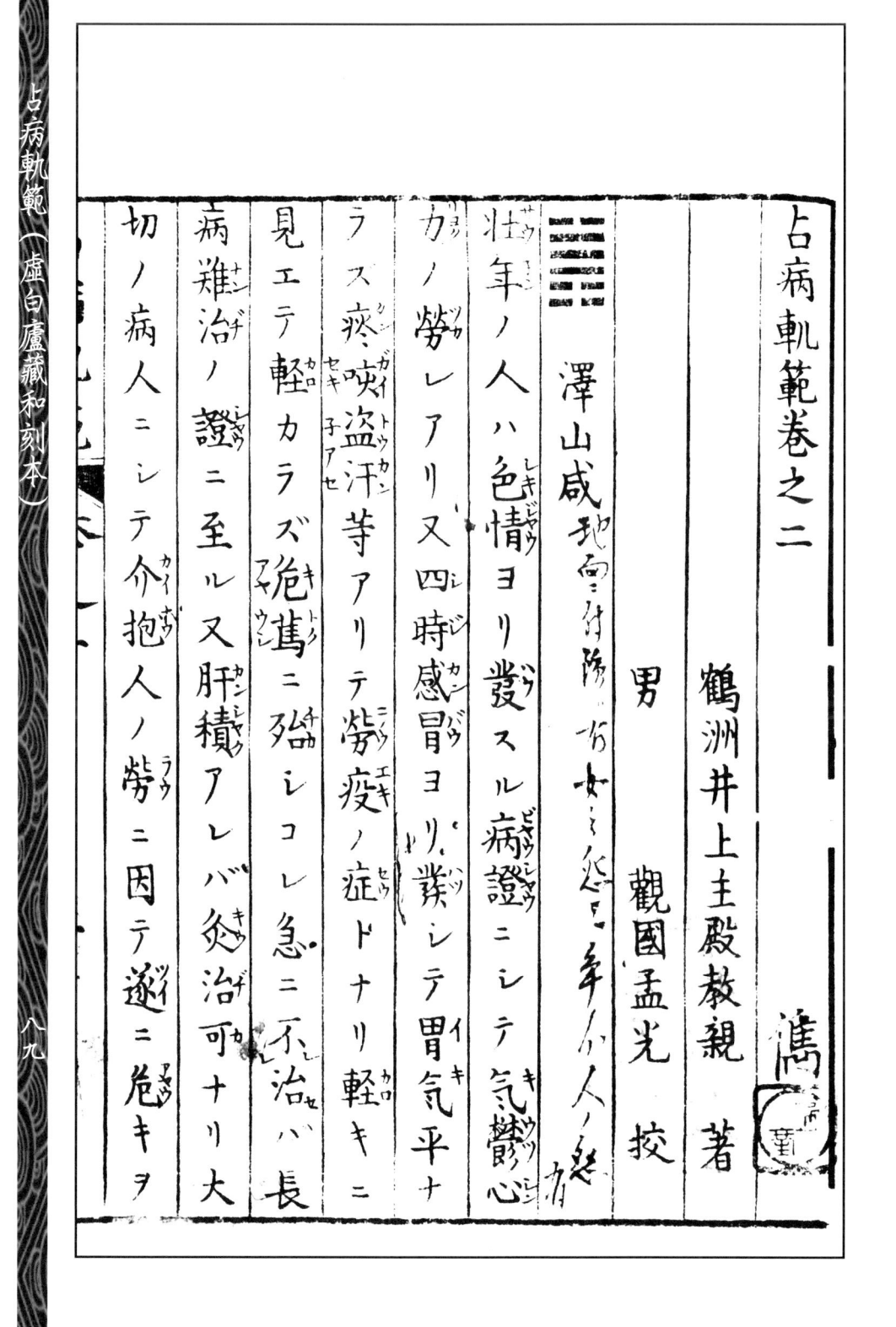

免ル○初変心熱盛ニシテ口苦ク煩渇シテ大小
便不利又逆上アリテ衄血ノ患アルベシ○二変
足掣痛シ身体倦惰ス是風湿ノ邪気ヲカ子テ脚
気ノ症トナリ後危キニ至ル○三変気カウスク
シテ虚證脾胃不和シテ腰痛ス但シ食滞ノ恐レ
アリ可慎○四変冷湿ノ気ヲ含ミ腰足痛痺シ又
腹痛心下ニ毒アリテ長病ニシテ危シ○五変肝
木盛ナル故胸背強急ス速カニ不施治ハ危シ五
日ノ後或ハ甲乙ノ日或ハ寅卯ノ日凶兆○上変
頭痛悪寒アリテ面部眼目スベテ上焦シ浮腫ア

ルベシ

䷟ 雷風恒

宿疾積氣四時感冒ノ類又心氣勞役アリ腰足拘攣シテ痛或ハ疝積ノ類ニシテ時々心下刺痛ミ又肝積或ハ眼目昏ク又嘔吐腹痛ノ症アルベシ

○初変痰飲逆上強ク脚膝痛ミ浮腫アレバ危シ

○二変湿氣ヲ帯タル症ニシテ四支痿弱スベシ

○三変大便下利手足冷痛ミアリ○四変逆上腹痛眩暈ノ症輕ニ似テ危シ○五変痰喘急迫或ハ浮腫アルベシ五日後危シ或ハ庚辛ノ日或ハ申

酉ノ日凶○上変熱往来アリテ逆上頭痛眩暈アリ急ニ不加治療危フキニ至ル

天山遯　初爻伸他出右テ死人有大ニ祟リ

腰足掣痛或ハ風湿ノ邪気ヲ蒸テ心気鬱滞シ重ク大小便秘渋シテ頻ニ通ゼントシテ難通又健忘痃積ノ類婦人ハ経水不順ニシテ下部ニ病毒アリ又産後ヨリシテ發病或ハ憂苦ニセマリ心気ヲ費シ因テ下焦ノ気不環シテ足痛ミ痿痺ノ患トナル○初変心脾ノ二臓ニ虚熱アリテ二便共ニ通利シ難シ或ハ肺火ノ症トナリテ大病危

篤ニ近シ○二変風邪ヲ裝シカ子テ邪気肌膚ニ流
注シテ足痛等アリ急ニ藥用シテ病毒ヲ除ザレ
バ危證トナル○三変気鬱塞シテ身体麻痺シ腹
中調和セズ○四変腹痛及ビ手足痛ム㕦邪気未
ダ發散セザルニ因ル誤治片ハ危證ニ至ル○五
変心気憂苦ニ因テ鬱悶シ気血自然ニ虚衰シテ
胃中及肩背時々痛ミ眼カスミ逆上ス○上変疼
咳嗽頭痛気上衝等ノ患蓋シ二四五ノ変ハ病危雖
アリトス

䷡ 雷天大壯　十五佛カ良方鍼[illegible]シ佛[illegible]シ祟

寒熱徃来頭痛上衝腹皮拘急シテ足攣痛ス所謂
肝積ニ属ス此卦應変活断アルベシ○初変風毒ノ
痛風ノ類筋骨疼痛或ハ肝経ニ困テ腰足攣痛ス
但シ春秋ノ病ハ軽シ○二変心肺ノ病ニシテ危
シ熱徃来アリテ小便赤ク渋リ大便難ク通臍腹ニ
痛有テ傷寒時疫ノ類重病急症ハ二日ノ後或ハ
丙丁或ハ午ノ日危シ又二ケ月ニシテ危シ○三
変痰咳又腰痛アリテ病危キニ至ル速カニ可施
治○四変腹痛アレ𪜈頓ニ可痊気虚ヲカ子タル
ノ症也○五変痰咳急迫嘔吐或ハ胸膈苦満ノ意

アリ又身体四支厥冷シ肩背強急シテ危症トナ
レベシ○上変頭痛発熱上衝シ或ハ眩暈アリ是
時気ニヨツテ発スルナレバ速ニ可施治怠ハ至
テ危シ重病急症六日ノ後危シ

☲☷ 火地晋ニノ日佛序佛佛坐安清ニ午金地

時疫温病或ハ瘡毒アリテ火邪逆上ノ心下ニ上
攻シ又脾ニ湿ヲ畜ヘテ時トシテ腰足ニナヤミ
頭痛強シ夏時ハ霍乱小児ハ疱瘡ノ序熱アリ○
初変肝気盛ニシテ乱症ノ如ク物ニ觸テ或ハ怒
リ或ハ駭キアリテ足掣痛ス時疫傷寒等ノ症ハ

危篤小兒ハ痼虫驚風○二変大便下利シ或ハ秘
渋シ是脾腎湿熱アル故也或ハ雁来瘡ノ類膝腫
ノ痛アルベシ○三変元気弱リ腰脚重ク体倦テ
命危シ○四変腹虚軟ニシテ身体痿痠アリテ
シ○五変頭面重ク上實下虚胸腹痞満シテ眼目
明カナラズ或ハ浮腫トナルベシ○上変気壮ニ
衰弱ノ頭痛目眩ス治ヲ怠レバ危シ

䷣

地火明夷 [illegible]

脾腎ニ湿熱ヲ受ルノ證ニシテ瘡毒腫物ヲカ子
テ發熱頭痛シ身倦四支重ク又心脾ノ虚アリテ

眼目昏迷シ婦人ハ血虚ノ患ヒ總シテ病不軽危
篤ニ近シ速カニ医ヲ求ムベシ○初変身体手足
痲痺ス病脾胃ニ鬱滞アリ老人ハ氣虚中風ノ類
長病ニシテ危シ○二変腹満或ハ浮腫アリテ足
痛ミ月ヲ歴テ可痊且二便快ク通ビス○三変病
再發又積氣疝氣ノ類シテ腰拘痛ス医ヲ轉シ
テ可得治○四変疝積腹中刺ガ如ク痛ム是軽症
ニアラズ治療ヲ怠レハ余危シ○五変寒熱往来
是陰陽合感ノ症タリ胸背痛ミ或ハ耳目ニ障或
ハ膿血ノ症尤危急ナリ五日ノ後或ハ壬癸ノ日

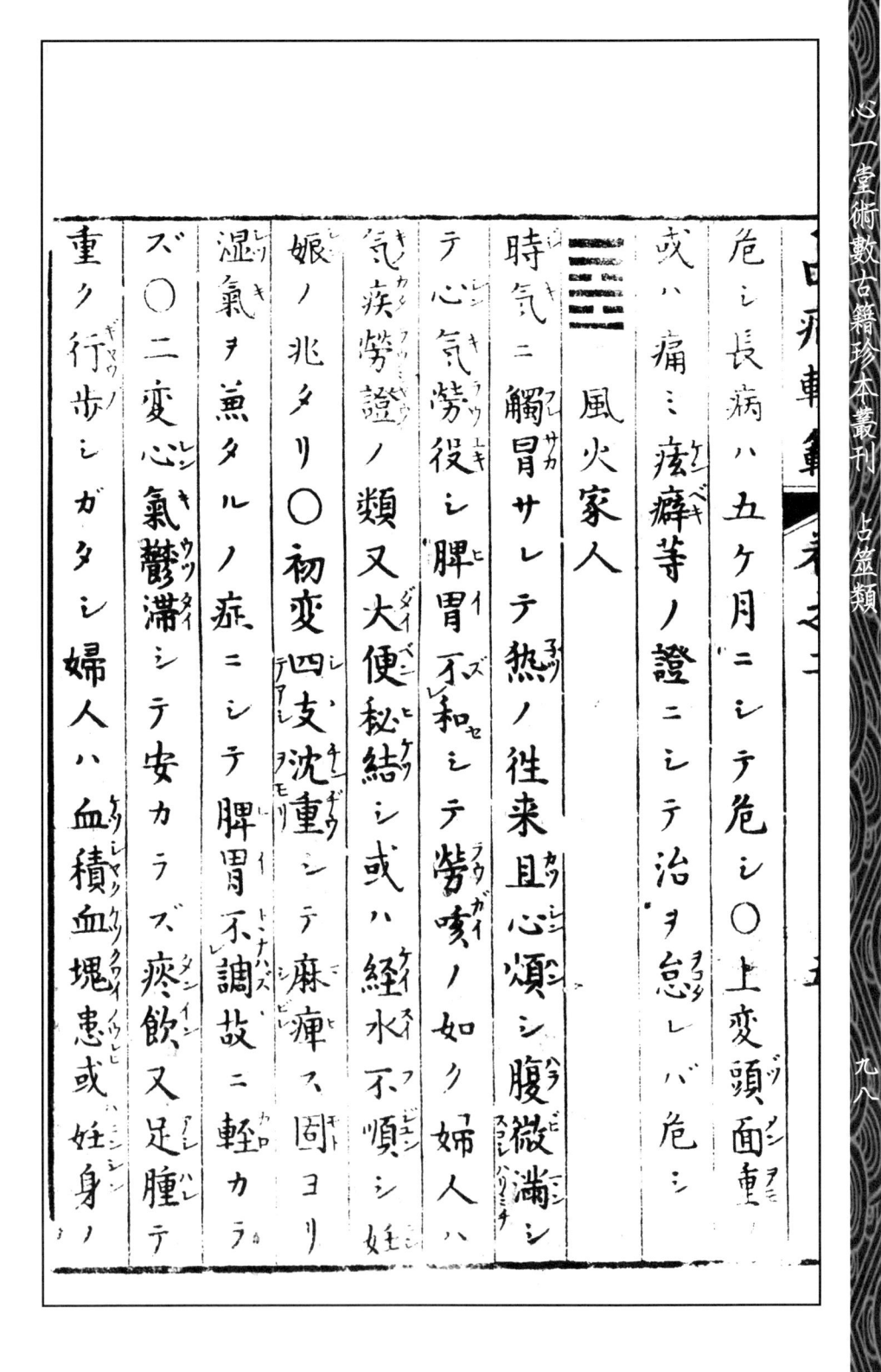

危シ長病ハ五ケ月ニシテ危シ○上変頭面重
或ハ痛ミ痃癖等ノ證ニシテ治ヲ怠レバ危シ

䷤ 風火家人

時氣ニ觸冒サレテ熱ノ往来且心煩シ腹微満シ
テ心氣勞役シ脾胃不和ニシテ勞嗽ノ如ク婦人ハ
氣疾勞證ノ類又大便秘結シ或ハ經水不順シ妊
娠ノ兆タリ○初変四支沈重シテ麻痺ス固ヨリ
湿氣ヲ兼タルノ症ニシテ脾胃不調故ニ軽カラ
ズ○二変心氣鬱滞シテ安カラズ痰飲又足腫テ
重ク行歩シガタシ婦人ハ血積血塊患或妊身ノ

兆○三変肝積ニ因テ身体四支拘急ス此肝積気
虚ニ属ス○四変痰火ニ因テ腹脹シテ痛ミ或ハ
浮腫トナル𛀁アルベシ壮年ノ人ハ労咳ノ類気
欝シテ命危シ○五変頭痛逆上或ハ心痛老人ハ
半身不遂ニシテ難治○上変発熱悪寒昼安静ナ
レ𪜈夜重シコレ気虚ニ属ス婦人ハ血虚難治ノ
症何レ四五六ノ変ハ危シ是陰陽合感ノ症重病
ハ死證トス

☲☱ 火澤睽

病心肺ノ間ニ在テ発熱頭痛嘔吐或ハ吐血諸般

ノ患アリテ渇ス此平生ノ氣ニ偏僻アリ然レテ
寒暖暑湿ヲモ不厭シテヤヽモスレハ他ノ咎ニ
悖リ雨露霜雪ヲ凌ギテ保護アシキ故ニ終ニ内
ニ不正ノ氣ヲ畜積シテ病ヲ發ス且医療ニ於テ
モ亦過失有テ薬應セズ病重キニ似タレモ能保
護服薬シテ可痊○初変足冷或ハ泄瀉或ハ寒熱
往来等ノ患アリ○二変發熱シテ身体疼煩或ハ
足掣痛ス盖シ是肝氣盛ナルユヘ乱心ノ如ク或
ハ時疫温病ノ如ク熱有テ煩渇ス○三変熱アリ
テ大便閉結身ニ浮腫アリテ形体重ク痿弱シテ

重病急症ハ三日或一旬ノ後危シ○四変虚損ニ
シテ腹痛ノ患アレハ服薬及ヒ按腹鍼治ノ功ヲ
以テ可痊○五変痰飲胸間ニ在テ或ハ瘧シ又面
部浮腫アリテ病危シ又眼目ヲ難ム○上変病轉
変アリテ定リ難シ肝気壮ニシテ眩暈頭痛強ク終
ニ不治ノ症ニ至ルヿアラン

䷦ 水山蹇　土神ノ崇リ故寒熱ノ是疾ハ
腰脚疼痛ス此湿毒ノ滞リ周身麻痺シ或ハ気血
ノ虚有テ起臥安カラズ又宿疾アルカ気鬱アリ
テ常ニ憂苦多ク長病ナリ急ニ難痊○初変発熱

シテ渇アリ二便難通下血衄血等アルベシ氣分
剛ニ見エテ危シ○二変風湿ノ障リ有テ脚氣ノ
患ヒ或ハ足掣痛シ或ハ風痨ニ属スル症速ニ治
ヲ施サレバ危シ○三変脾腎湿熱ヲ畜ヘタハ
虚弱ノ人ハ補剤ニヨロシ全ク氣血兩虚内傷病
ニシテ重シ○四変氣虚腎虚或ハ物ニ感ジ易ク
又悲哀多シテ益氣耗損シテ痰飲腹脹等ノ患ヒ
ナル○五変身体倦惰レ痿瘦或ハ肩ニ引テ拘急
ス○上変頭痛発熱風邪ヲカ子タリ急ニ不治ハ
アヤウシ

雷水解

氣鬱血虚寒熱往来咽喉腫痛咳嗽嘔吐アリテ二便渋滞ス但シ脾胃不和シテ湿氣ヲカ子患ヒ寐冷肝積宿疾トナル婦人ハ血分ニ因ル○初変痰飲或ハ骨節疼痛シ四支微冷シ或ハ咳嗽トナル○二変大小便渋滞シテ腰足痿痺シ脾胃不調ニ下拒ミ痛テ危シ○三変風邪積氣ニ因テ痛ミ或ハ熱ノ往来或ハ腰痛ミ○四変脾腎ニ湿熱ヲ蓄ヘ瘡毒ノ難ミ又老人ハ中風麻痺ノ症婦人ハ血積或ハ血虚ノ患アリ○五変咳嗽心煩アリ總テ

心痛ヨリ發スルノ病○上変熱ノ往来頭痛アリ
蓋シ初二四ノ変ハ危シトス

䷨ 山澤損

寒熱往来又心腹痛ヲナシ四支重クシテ痰飲嘔
吐又気鬱虚損小児ハ脾胃虚疳虫等ノ症○初変
泄瀉下血吐血衂血ノ患ヒ又瘡毒腫物ニ変シ長
病ニシテ危キニ至ル○二変内傷又口中ノ痛ミ
或ハ足腓痛アレ𪜈食味如常故ニ病痊ユ○三変
腹脹積聚ニ因テ左ノ腹ニ塊ヲ生シ頻ニ心気ヲ
雑ハ腰冷テ且痛ミアリ婦人小児ハ難治○四変

發熱心煩シテ痰血ノ吐醫藥効アラズ又誤治ノ
ヿアリ○五変風邪發熱シ心煩頭痛シ身体倦惰
シテ安カラス○上変氣行々タラズシテ体弱ク
又氣爽ナレ圧本身体虚弱ナレハ老医ヲ求テ可
請治三四爻ノ變ハ危シ

䷩ 風雷益

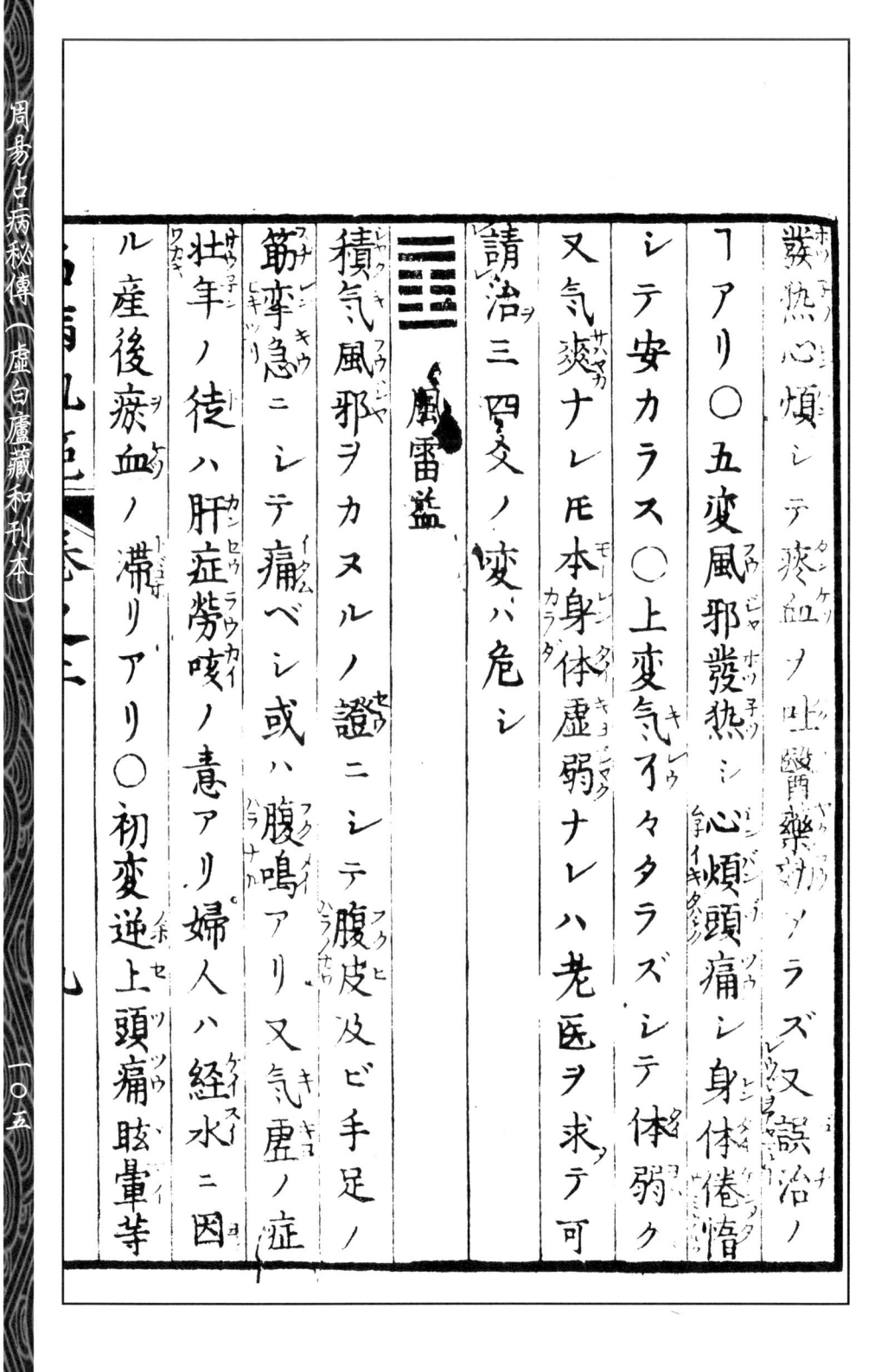

積氣風邪ヲカスルノ證ニシテ腹皮及ビ手足ノ
筋攣急ニシテ痛ベシ或ハ腹鳴アリ又氣虚ノ症
壮年ノ徒ハ肝症労咳ノ恙アリ婦人ハ経水ニ因
ル産後瘀血ノ滞リアリ○初変逆上頭痛眩暈等

又脾胃不和シテ胃ノ氣乏ク足痛ム速ニ治ヲ加ザレバ危キニ至ル○二変湿氣ヲ夾ミ痰喘有テ咽喉急迫或ハ發熱足痛浮腫ノ患ヒ軽キニ似テ不軽浮腫アレバ危キニ至ルベシ○三変熱氣強クシテ食不進二便難通利既ニ時疫温病ニ類ス或ハ癆瘵婦人ハ妊娠トナルベシ但シ出血ノ患ヲ防グベシ大病危キニ至ル○四変寒熱往来アリテ心下痞鞕シ或ハ腹微痛微満ノ證尤腹中塊癖ヲナシテ心氣ヲ難ム或ハ浮腫アレバ危シ○五変食進ムトイヘ𪜈腹ニ力ナク虚分ノ候アリ

又胸背手足ニ難ミアリ此危キニ似テ可瘥○上
変気鬱シテ逆気アリ頭項耳目ノ難ミアリテ病
急ニ治スルㇳ難シ全ク湿ヲカ子タル症ナリ

䷪ 澤天夬

寒邪ニ傷ラレ又時候ノ氣ニ觸冒レ痰咳強ク腹
微喘又ハ腹中堅塊アリテ拘攣シ四支牽引シテ
痛ム病輕キニ似テ終ニ危篤ニ至ル○初変足拘
急シテ痛ミ大小便渋滞シテ浮腫ヲナシ痛風脚
氣ノ類婦人ハ姙娠又瘀血血塊等其人ニ因テ活
断アリ但シ病急ニ不治○二変轉医吉ナリ此病

發熱上衝シテ二便閉塞シ終ニ危キニ至ルベシ
又足痛アリ重病急症二日ノ後或ハ二ケ月或ハ
丙丁ノ日病変有テ危シ盖シ血症ノ患ヲ防ベシ
○三変痰喘促迫シテ寐ガタク又腰下冷テ長病
ナルベシ○四変冷湿ニ因テ腹疞痛ス小児ハ蟲
症大人ハ心気ノ鬱アリテ病危シ⊙五変胸背逆
痛気上衝シテ鬱ヲナシ又肝気盛ニシテ不治ノ
症ニ至ル○上変頭痛アリテ上衝シ心気鬱シテ
澤癪ノ症ヲ見ハス急ニ藥ヲ服セザレバ不治ノ
症トナリテ危シ

☴☰ 天風姤

發熱頭痛逆上シ足冷痛シテ四時感冒悪風悪寒アリテ上實下虚ノ症ナリ婦人ハ血虚産後ノ患ヒ男女𪜈ニ若キ人ハ氣労ノ如シ○初変ニ便不通足痛或ハ鬱甚シク或ハ浮腫トナリ終ニ危篤ノ症ニ至ル○二変胸背ノ難ミ手足痿痺スルヿアルベシ○三変下利シテ腰足冷痛アリ○四変腹痛身倦惰ス是風邪ノ障アルベシ○五変逆上頭痛眩暈アリ是熱氣盛ナルニ因ル○上変痰嗽頭痛シテ不軽ノ症ニシテ治ヲ怠レバ危ニ至ル

澤地萃

魚毒食毒ノ停滞スルヿ多シ腹脹シテ痛ミアリ此脾胃ノ虚分ニシテ胃中和セズ但シ寒ト湿トノ二ヲ夾ミテ痛アルベシ○初変肝氣盛ニシテ或ハ怒リ或ハ恐ルヿ常ニ在テ足拘攣シテ痛アリ病軽ク見エテ病軽キニ非ズ○二変脾腎湿熱ヲ含ミ腹又ハ足ニ腫瘡ヲ發シテ或ハ淋疾ナトノ證ヲ発スベシ○三変色情ニ因テ心憂悶シ終ニ氣鬱シテ労症虚分ノ病トナリ大便結シ大患トナル或ハ四時感冒老人ハ氣虚○四変腹中不

和シテ心下拒ミ漸ク虚耗シテ危キニ至ル○五
変肝気盛ニシテ脾気衰ヘ気ハ剛ニシテ躰弱ク
肩背強ク痛ミ気不爽○上変心気鬱シテ胸下痞
シ頭痛シテ起バ則眩ス

䷭ 地風升

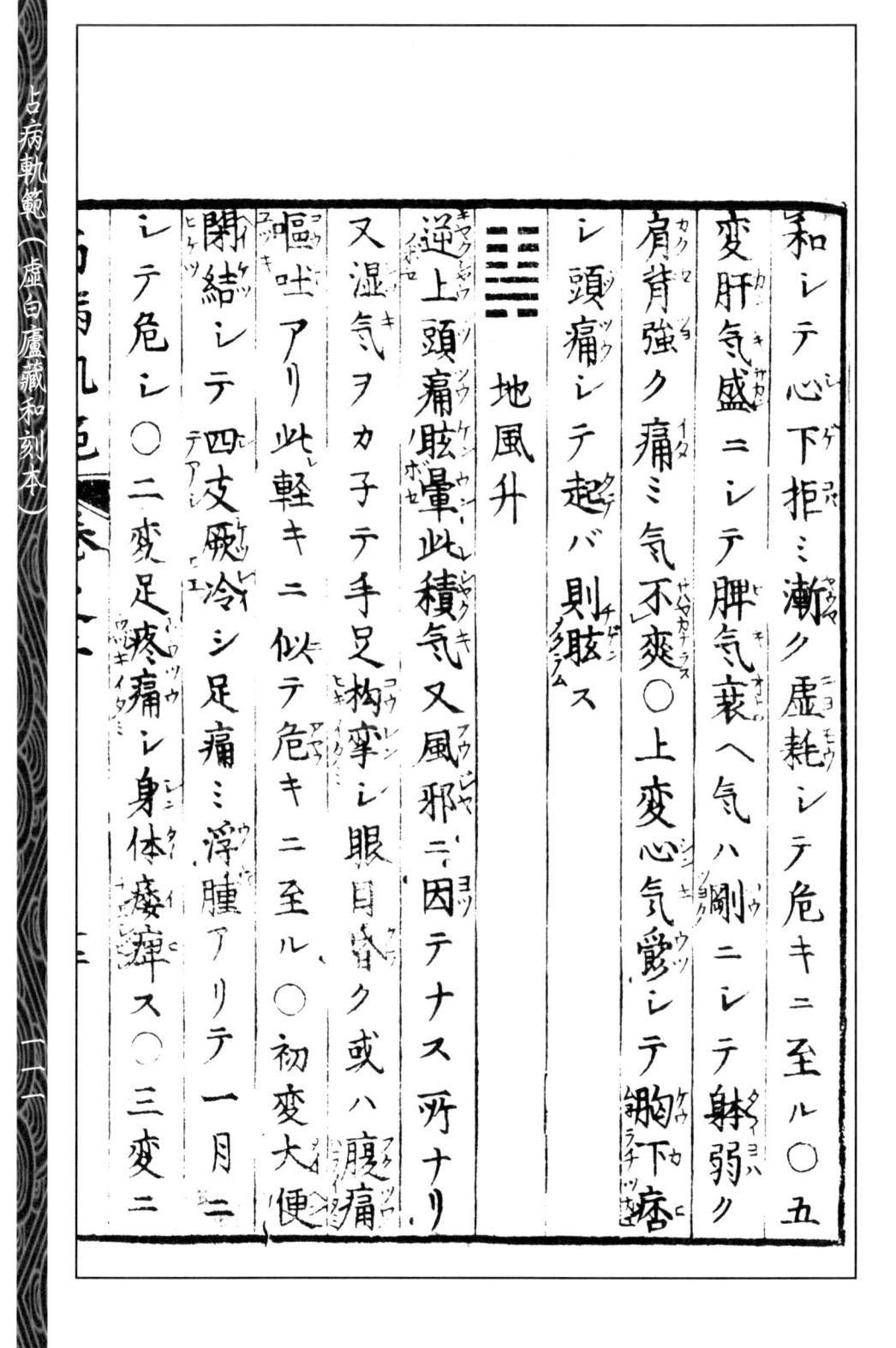

逆上頭痛眩暈此積気又風邪ニ因テナス所ナリ
又湿気ヲカ子テ手足拘攣シ眼目昏ク或ハ腹痛
嘔吐アリ此軽キニ似テ危キニ至ル、○初変大便
閉結シテ四支厥冷シ足痛ミ浮腫アリテ一月ニ
シテ危シ○二変足疼痛シ身体痿痺ス○三変ニ

便渋滞腰冷痛ミ又脾腎湿熱ニ依テ痔脱肛及ビ下血膿血ノ患ヒアリ婦人ハ血分ノ患ヒ秋ハ痢疾ヲ患フベシ○四変腹脹痛ミ或ハ雷鳴切痛ス積気ノ宿疾ナリ○五変留飲胃満胸痛及ビ耳目ノ疾ニシテ長シ○上変頭面重ク肩背凝結或ハ瘡毒浮腫等ヲナス多ク死症

澤水困

心胸ノ痛ミ積気脾腎ノ虚ニシテ痰咳腰足掣痛シテ呼吸追切ス婦人ハ経行ニ属ス産後血虚四支麻痺シ夜ハ不寐食不進シテ長病或ハ持病ア

リテ時候雨湿ノ気ニ觸レ蒸熱上焦ニ結悶ス又困
窮ヨリ發スルノ病候モ有ベシ○初変痰咳嘔吐
アリ足跗ニ滑節ノ痛ミアリ或ハ咽喉耳口ノ病
○二変腰腳酸痛二便澁滞シテ軽ニ似タリトモ危
シ重病急症戊己ノ日或ハ二日後或ハ二旬ニシ
テ危シ○三変大便不通腹部又足ニ浮腫アルベ
シ且風邪ヲ兼タリ○四変心腎二臓ノ虚冷湿又
泄瀉腹痛アリ病長シテ後膿血ノ症ヲ發ス危篤
ノ證○五変肝経ノ湿熱身躰ダルク肩背ニ引ナ
ヤムベシ○上変頭面重ク氣ヲフサギ腹内不和

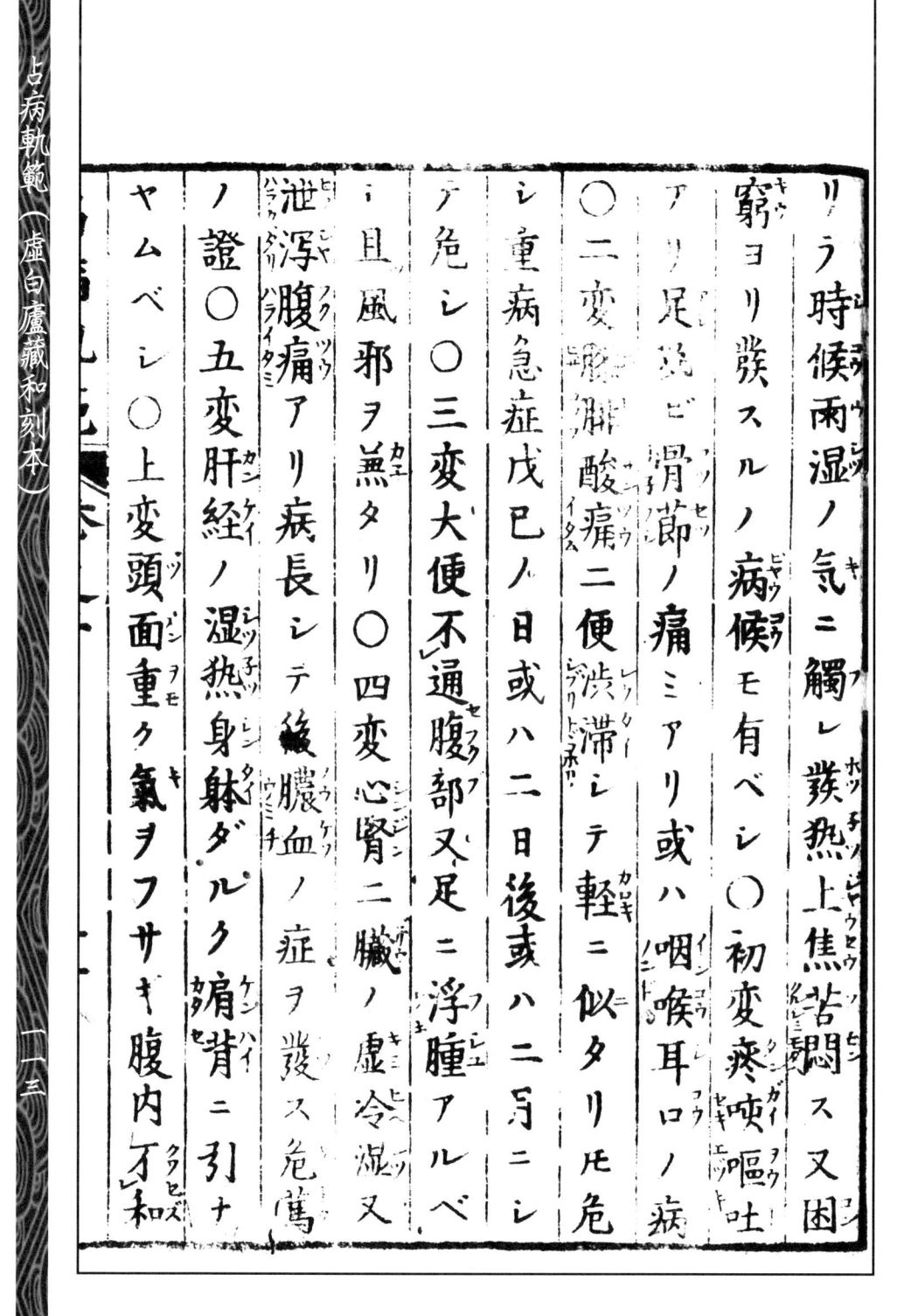

眼目昏クシテ難ミアリテ長シ

水風井

陽氣乏ク氣力不調ユヘ心氣鬱滯シテ胸滿痞
ス又拘急アリ是常ニ益ナキニ心力ヲ費シ憂苦
ヲ懐キテ男女ニ不拘氣血不循環老人ハ心痛ム
風ノ類壯人ハ勞疾勞役ノ類ニシテ難治總ジテ
濕氣ヲカヌル故腫物瘡毒ノ患ヲ可防○初変疾
飲又足冷痛或ハ筋骨疼痛浮腫等ノ難ミ或ハ寒
熱往来アリテ大病トナリ死證ニ至ラン○二変
腰脚痿弱ニシテ時々心下ニ上攻シ肩背強痛シ

テ治シ難シ假令得治ルヲ圧長病又湿気ノ痼疾ナリ
○三変陰病痼疾夜ニ入テ不快或ハ屢凶夢ヲ見
ル此虚分ニ属スル症又腫物膿血ノ證或ハ泄瀉
アリ○四変痰喘急迫ニシテ腹脹浮腫ス婦人ハ
妊孕又血塊血脹男女圧ニ難治重病急症四日五
日ノ後或ハ庚辛ノ日危シ○五変頭痛眩暈上逆
シテ下虚ス危篤ノ症トナラン五日或ハ十日ニ
シテ危シ○上変發熱頭痛身体倦惰風湿邪熱ノ
症ニシテ病軽カラズトイヘ圧可痊

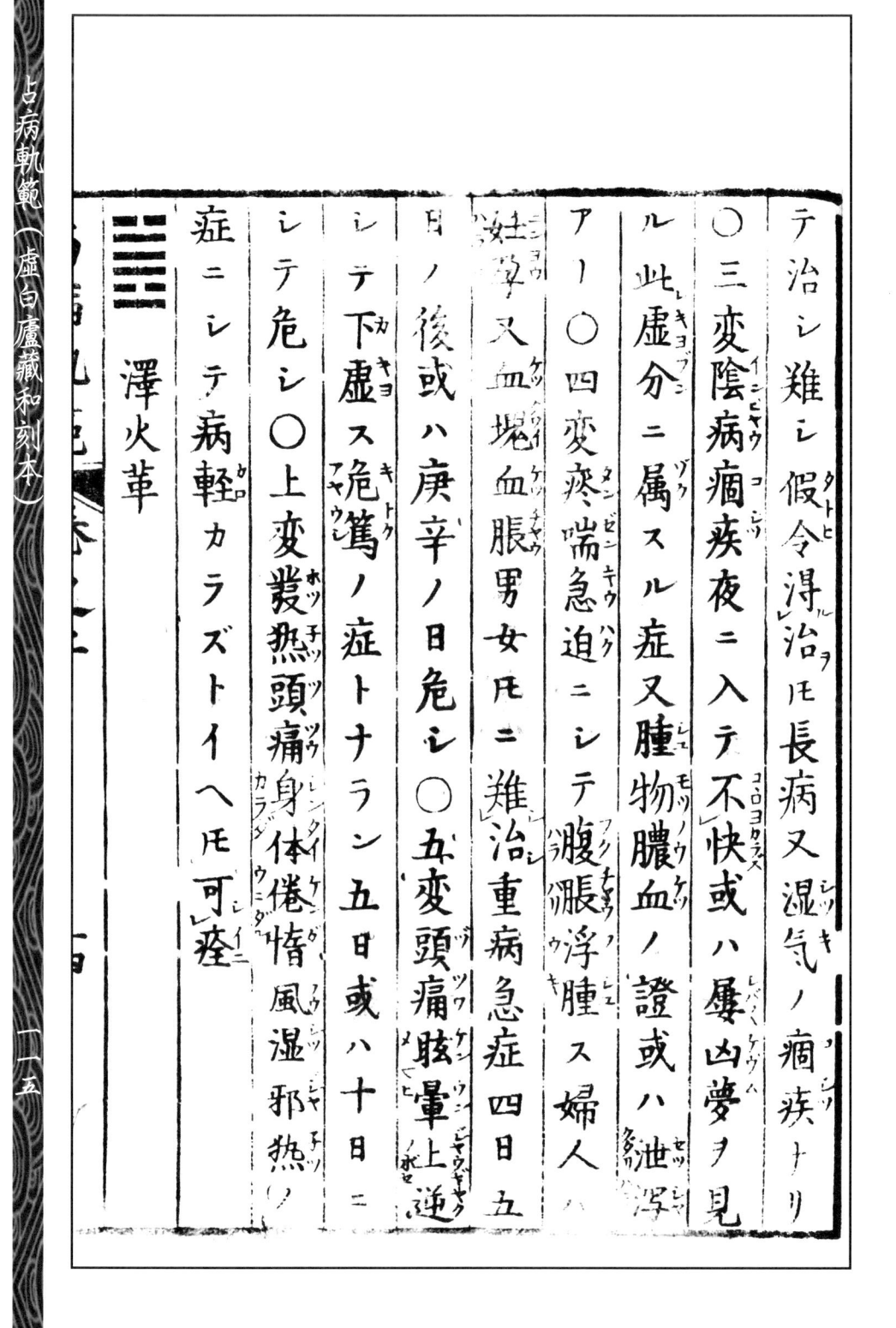

䷰ 澤火革

痰火ニ因リ發熱咳嗽シテ咽燥キ大小便秘澁シ
熱ノ往来アリテ咽喉痛ミ飲食咽ニ下ルヿ難シ
尤時候ニ濕ヲ夾ミ又吐血下血ノ難ミアリ婦人
ハ血虚男子ハ氣虚ヲカヌレバ危シ總シテ奇驗
ナリ○初変濕ヲカ子テ手足重ク或ハ痛アツ
長病ナルベシ○二変痰熱ニ因テ煩渇シ二便通
利アシク浮腫ヲ見ハス時ハ病急劇ニシテ危篤
也所謂脚氣ノ急證ナリ若シ緩病ナレバ労症ノ
類急症三日ニシテ危シ或ハ二月ニシテ危シ○
三変腰足拘攣シテ痛ム壯年ノ良医ヲ撰テ可請

治○四変腹痛又ハ咽喉ノ痛ミ或ハ膿血ノ患此
虚分ノ症ニシテ危シ重病急症四日或ハ壬癸ノ
日危シ此又老若共ニ色情ニ氣ヲ感シテ虚症○
五爻胞背ノ難逆氣痼症或ハ虚勞ニシテ何レニ
輕症ニ非ス○上変鬱火發熱頭痛アリテ遂ニ大
患ニ至ルベシ危篤ノ症

䷱ 火風鼎

肝氣亢リ心火盛ンニ上逆シ又時氣風湿ノ爲ニ
冒サレテ發起ス故頭痛發熱ス或ハ脾胃不和ニ
因テ腹膨脹シ大便不通小便赤ク渋リ或ハ嘔セ

ニ欲シ或ハ乾嘔腹痛シテ水腫ノ意アリ是モ
ト脾胃虚弱ナル故ナリ○初変筋骨疼痛シ身体
懈惰足重クシテ行歩シ難シ大小便渋滞シ腹脹
浮腫アリテ命危ク時々熱ノ往来アリテ危急ナ
リ○二変大小便不利又手足痿痺ス是モト心腎
ノ虚ヨリシテ生ズル故病危シ○三変大便下利
シテ或ハ腰痛ス全ク冷湿ヲカ子タル症ナリ○
四変必死ノ病ナルベシ腹痛或痿痺或腫物瘡毒
ヲ発スベシ熱症ハ蛔蟲ヲ生スベシ○五変痰飲
胸膈ニ迫リ頭重クシテ悪寒アリ速ニ不治ハ危

證トナル○上変頭痛或ハ逆氣強ク肝氣鬱シ易
請医テ肝鬱ヲ開クベシ四五ノ変ハ一旬ニシテ
危シ

䷲ 震為雷

肝木盛ニシテ脾氣衰ヘ積氣強ク物ニ觸テ或ハ
怒リ或ハ悲ミ或ハ駭ク因テ身體四支攣急疼痛
ス老人ハ氣虚癇症發リ心疾等ノ患ヲ可防○初
変足ヨリシテ腹ニ拒ミ痛ミ且氣ヲ耗ナハト虫ル
体ハ自然ト衰フ盖病危ニ似テ可痊○二変疼咳不
アリテ胸痛シ又足痛アリテ急ニ難治急證ハ二三

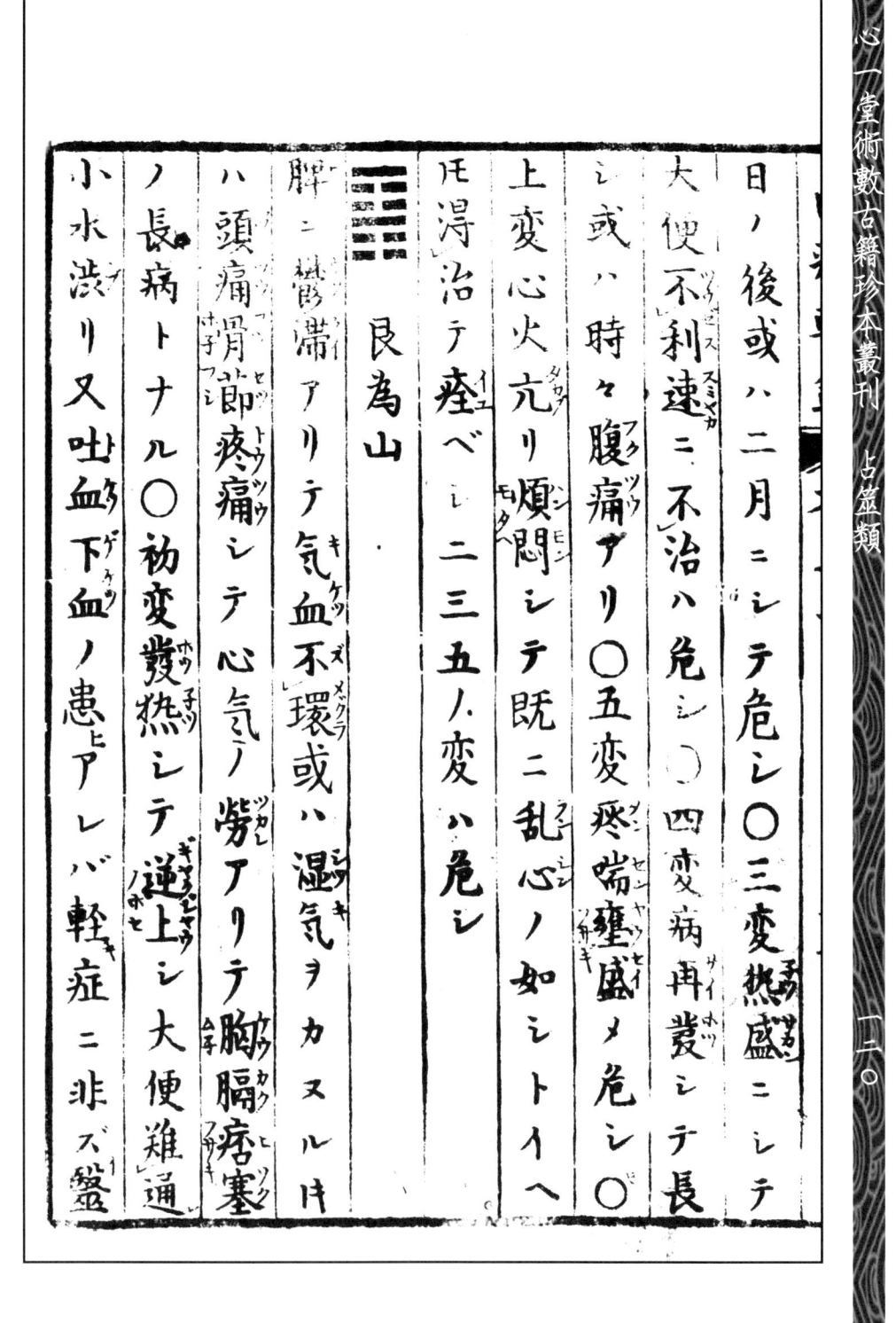

日ノ後或ハ二月ニシテ危シ○三変熱盛ニシテ
大便不利速ニ不治ハ危シ○四変病再発シテ長
シ或ハ時々腹痛アリ○五変痰喘壅盛メ危シ○
上変心火亢リ煩悶シテ既ニ乱心ノ如シトイヘ
ドモ得治テ痊ベシ二三五ノ変ハ危シ

䷳ 艮為山

脾ニ鬱滞アリテ気血不環或ハ湿気ヲカヌルトキ
ハ頭痛骨節疼痛シテ心気ノ労アリテ胸膈痞塞
ノ長病トナル○初変発熱シテ逆上シ大便難通
小水渋リ又吐血下血ノ患アレバ軽症ニ非ズ盤

モ亦治ヲ誤ルヿアラン唯篤實ニシテ物ヲ飾ラ
ズ學術ニ達シタル医ヲ請テ可求治○二変風湿
ヲカヌルノ症脚氣瘡毒腫物痛風鶴膝風ノ類小
児ハ五疳ノ患必危篤ノ症急症ハ三日ノ後或ハ
甲乙ノ日或ハ二ヶ月ニシテ危シ○三変身体手
足共ニ痿痺ス是氣血不循環シテ虚弱ニヨル若
シ腰痛等アルハ上逆シテ下虚ニ因ル必危シ○
四変心ニ憂苦アリテ氣虚上衝シテ心下ニ拒ミ
痛テ不治ノ症ニ至ルベシ○五変肩背四支拘痛
シテ胸満氣促アリテ終ニ危シ○上変長病トナ

リ後痿躄ノ患トナルヘシ

䷴ 風山漸

心氣鬱悶シテ頭痛發熱身体重ク四支痲痺スル如キ或ハ氣疾勞症ノ如クニシテ病軽カラズ速ニ療スレハ愈○初変心熱有テ癆疫ノ如シ口渇キ便秘ス治ヲ怠ルトキハ危症ニ至ル○二変風邪風湿気ニ感ジ熱アリテ身体足疼痛ス是軽症ニ非ス急ニ治ヲ施スベシ○三変眩暈頭痛氣血不順ニシテ上實シテ腰下痛無藥効危シ○四変腹脹或ハ臍下ニ毒アレトモ可痊○五変肩背胸間ニ

痛アリ小兒ハ脾虛老人ハ痿痺アリテ中風ノ如
ク長病ナリ危シ○上変肩背強急腰脚湿痺瘡毒
結毒長病ノ兆盖シ二三五ノ爻動ケバ危キニ至

䷵ 雷澤歸妹　土神

肝積ニ因テ心胸ヲ塞ギ物ニ觸テ或ハ怒リ或ハ
悲ミ假ニモ性急ニ言ヲ發シテ却テ又屈託ス故
ニ氣血トモニ虛衰ス又風湿ヨリ發シテ時々痰咳
ヲ患フ婦人ハ産後又ハ少産等ノ後經行滞リテ
終ニ發狂ス是心氣鬱塞シテ悪血ト戰フノ意○
初変足冷テ下利シ婦人經閉ノ時此爻ニ當テ經

通ストイヘ氏保護ノ善悪ニ依テ難症ニ向フ可
戒又男子湿気ヲカ子テ瘡毒結毒ヲ發ス○二変
肝気盛ニシテ或ハ怒リ或ハ哀ミ足拘急シテ肩
ミ口中ノ患ヲナス○三変腰足ノナヤミ有テ腫
ル、ナリ但シ水道不利シテ逆上強シ○四変
下散シテ快シトイヘ氏食事及ビ万事可慎○
五変胸中及ビ咽喉ヲ塞ギ痰咳等ノ難ミアレバ
軽キニ似テ危シ○上変肺火盛ニシテ頭痛ス此
本虚症ニシテ薬應ジ難クシテ病難得治蓋ニ三上
ノ変ハ危キニ至レ

䷶ 雷火豊

時疫温病ノ類或ハ氣虛ニシテ頭動揺シ腰脚緩弱身熱シテ肝氣亢リ却テ心ヲ害フ若キ徒ハ労症老人ハ健忘婦女ハ血虛總シテ難治ノ症変ニ應ジ死生ノ活断有ベシ○初変湿氣ヲ帯ル故ニ手足痺痛ノ證アリ○二変逆上痰飲ノ患脚ニ浮腫ヲナスカ何レ難ミアレバ危シ○三変肝積アツテ身拘急メ痛ム或腰足ツリ痛ム意アリ○四変腹虛軟メ痛ム又身ニ班点ヲ發シ或瘡毒ノ難アリテ必死兆○五変痰喘胸膈ニ迫危ト虽モ醫

ヲ轉テ効アリ〇上変心火燃上シ乾キ強クシテ
大小便却テ不利或ハ煩躁シテ狂状ノ如ク甚タ
危キノ症総テ此卦ノ病症ヲ占ニ危症多シ

䷷　火山旅

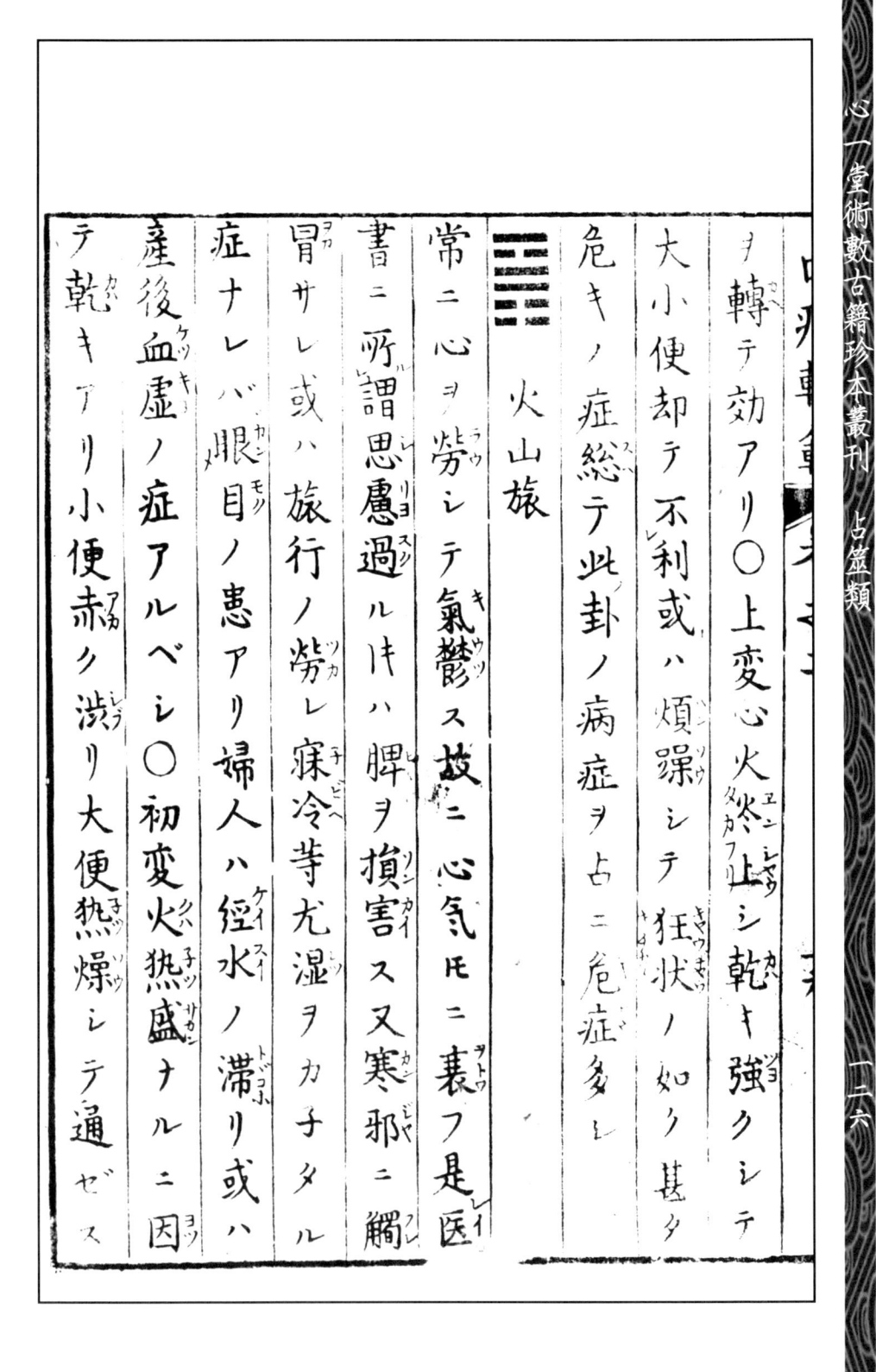

常ニ心ヲ労シテ氣鬱ス故ニ心氣モニ衰フ是医
書ニ所謂思慮過ルトキハ脾ヲ損害ス又寒邪ニ觸
冒サレ或ハ旅行ノ労レ寐冷等尤湿ヲカヽタル
症ナレバ眼目ノ患アリ婦人ハ経水ノ滞リ或ハ
産後血虚ノ症アルベシ〇初変火熱盛ナルニ因
テ乾キアリ小便赤ク渋リ大便熱燥シテ通ゼス

蓋シ時疫霍乱ノ類婦人ハ血分ノ難ミ甚タ危恣
ニ至ル○二変左脛ノアタリ痛ムベシ風邪ヲカ
子テ上逆強ク胸腹ニ難ミアリ遂ニ不レ軽ノ症ト
ナル危症二日ノ後或ハ甲乙ノ日或ハ二ケ月ニ
シテ危シ○三変湿熱ニ因テ腹ニ氣力ナクシテ
後瘖毒ヲ發ス或ハ時疫霍乱ノ證アリ婦人ハ血
虚危證ニ至ル○四変脾胃ニ滞リ有テ調和セズ
故ニ胸背及ビ一身ニ痺弱アリテ大ニ難ム○五
変頭痛ニ因テ氣ヲ塞ギ痰飲ニ因テ胸中逼リ或
ハ眼目ノ患○上変肝氣ニ依テ逆上ス是養生ヲ

怠ルトキハ病変出シテ危キニ至ル急症ハ一旬ニ
シテ危シ

巽為風

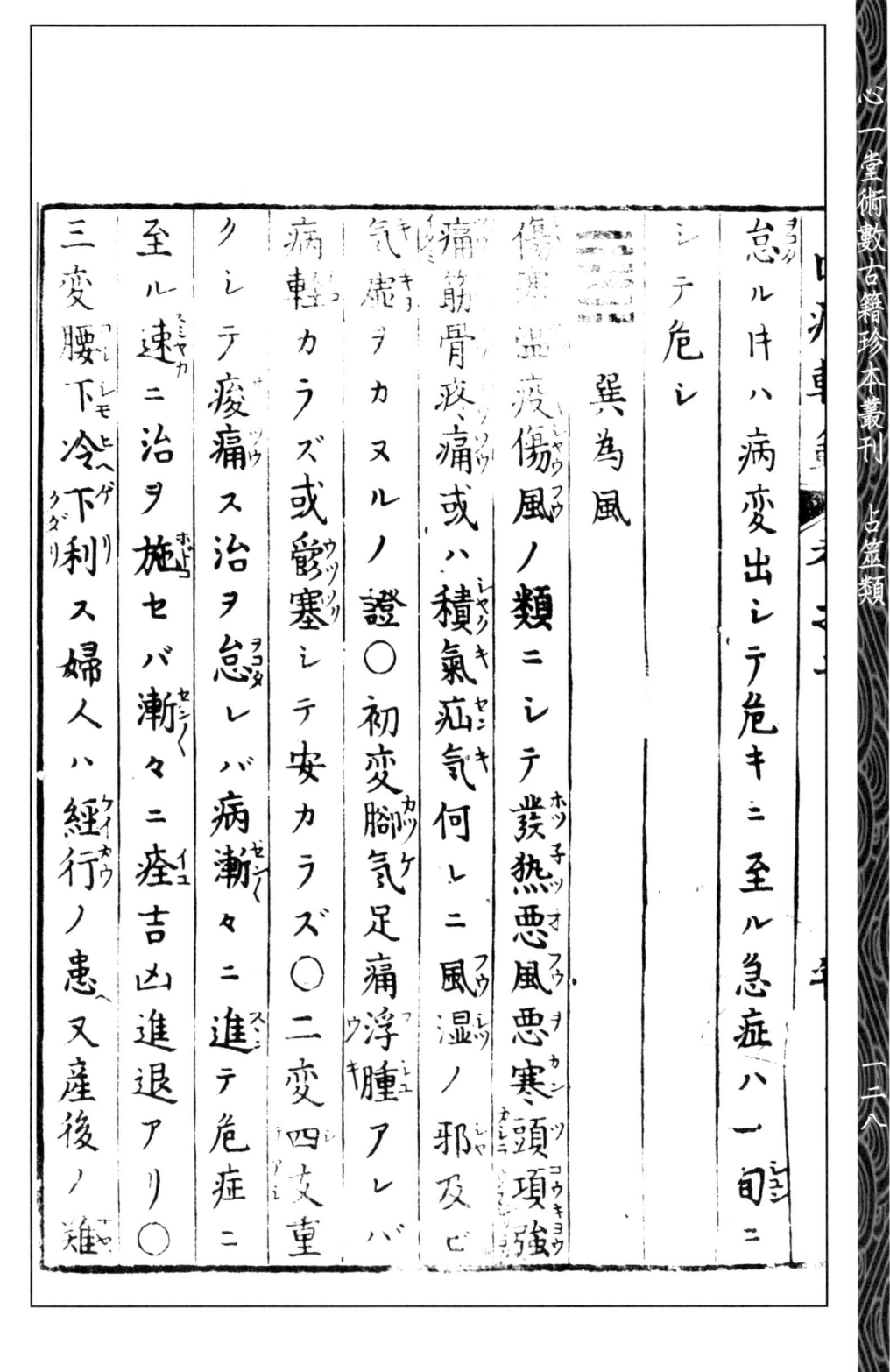

傷寒温疫傷風ノ類ニシテ發熱悪風悪寒頭項強
痛筋骨疼痛或ハ積氣疝氣何レニ風湿ノ邪及ビ
氣虚ヲカヌルノ證○初変脚氣足痛浮腫アレバ
病軽カラズ或鬱塞シテ安カラズ○二変四支重
クシテ痿痛ス治ヲ怠レバ病漸々ニ進テ危症ニ
至ル速ニ治ヲ施セバ漸々ニ痊吉凶進退アリ○
三変腰下冷下利ス婦人ハ經行ノ患ヘ又産後ノ難

ミナルベシ○四変腹皮拘急シ腹微満シテ時々
痛ミ時々止又浮腫アルカ又外邪ニ食滞ヲカ子
タリ速ニ不治ハ危ニ至ル○五変胸背ニ痛ミア
リ或ハ蛔蟲或ハ瘡毒ヲ發スベシ長病危篤ノ症
○上変頭面耳目ノ患又勞瘵シテ常ニ風ヲ悪ミ
自汗盗汗アリ治ヲ怠ル𪜈ハ危篤ノ病トナル蓋
シ四五ノ変急症ハ四日五日ノ後或ハ四ケ月五
ケ月ニシテ危シ

䷹ 兌為澤

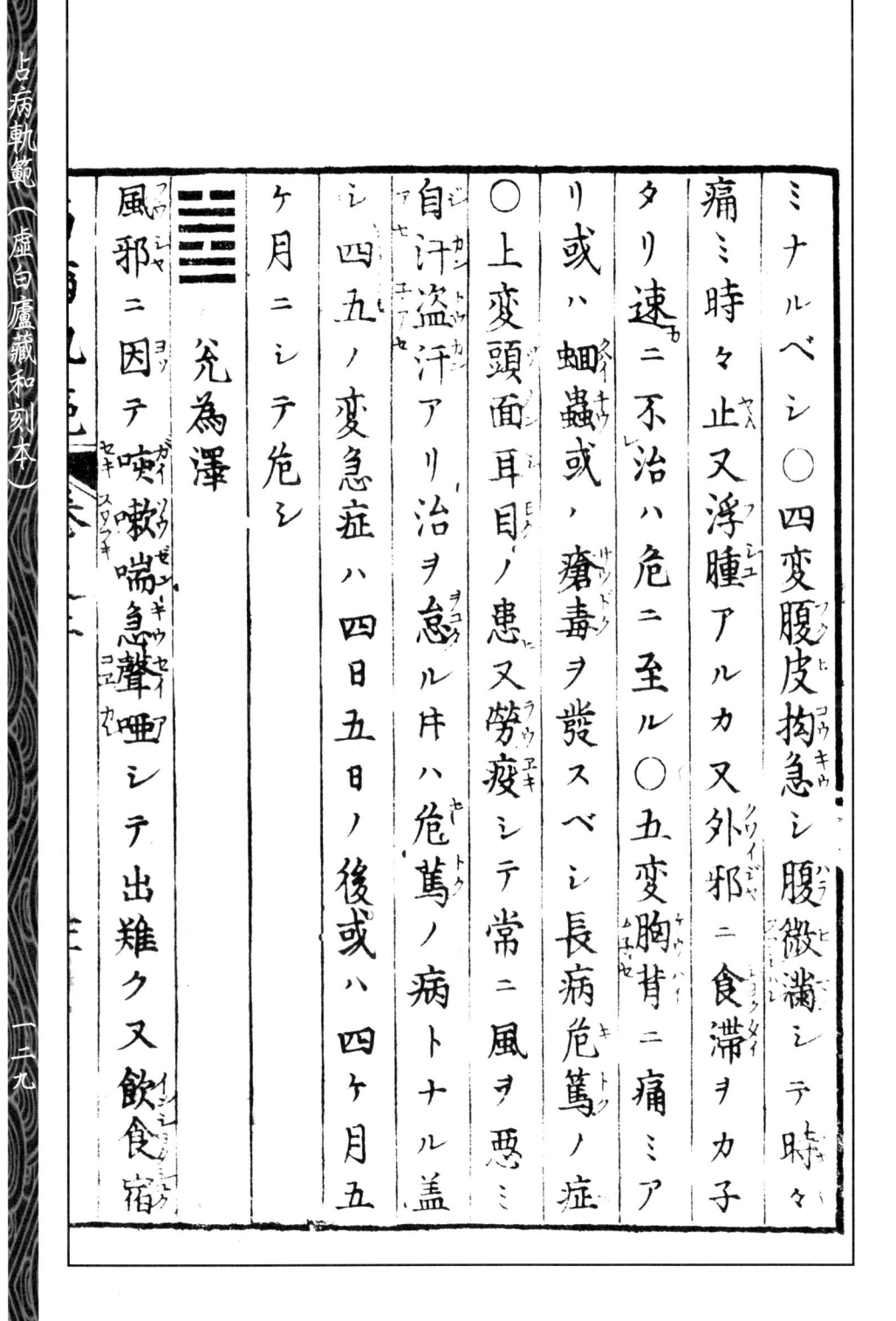

風邪ニ因テ咳嗽喘急聲唖シテ出難ク又飲食宿

滞アリテ大ニ苦ム急ニ藥ヲ與ザレバ然ニ危シ
蓋シ平生痰飲ノ宿疾アリ○一変心痛或ハ泄瀉
是内冷ノ氣ヲ受ニ依ル又咽喉及ビ足ニ痛ミア
リ○二変足拘攣スルカ口中痛ムベシ○三変痰
喘進盛シテ大小便快利セズ病日ニ進テ危キノ
症浮腫アレバ必死ニ至ル○四変身体骨節痛ミ
又嘔吐アルベシ或ハ湿氣又留飲ノ症○五変心
胸痛足掣痛ス或ハ宿飲停水ノ患ヲカヌベシ○
上変頭痛燥熱悪風悪寒アリ急ニ服薬スレバ危
キニ至ラズ治ヲ怠レバ難痊

風水渙

天性脾胃虛弱ニシテ積氣ノ宿疾アリ今風寒ノ為ニ寒熱アリテ頭項疼痛肩背強急ス此肝經ニ邪氣薫蒸スル故久病トナリ速ニ難痊盖シ婦人ハ産後ノ患或ハ流産ノ症アリ○初変寒熱往来アリテ咽喉キ痰咳アリテ大小便不利足ニ浮腫アリテ痛ベシ○二変大凶命危シ脾腎ノ虛ニシテ逆上シ足疼痛ス此劇症トナル急症二日ノ後或ハ戊己ノ日或ハ二ヶ月ニ至テ危シ○三変風湿ニ因テ筋骨疼痛シテ又脚氣ノ症アリ○四変

腹満シテ浮腫シ頭面重ク手足冷痺シテ危シ○五変眼目昏ク耳鳴胸背痛アリ又瘡毒痼疾結毒ノ人ハ鼻潰頽ス此皆誤治ニ因テ此意ニ至ル○上変心気ノ憂苦ヨリ発シ冷湿ヲカヌル故ニ面部頭上ニ大ニ難ミ生ス

䷻　水澤節

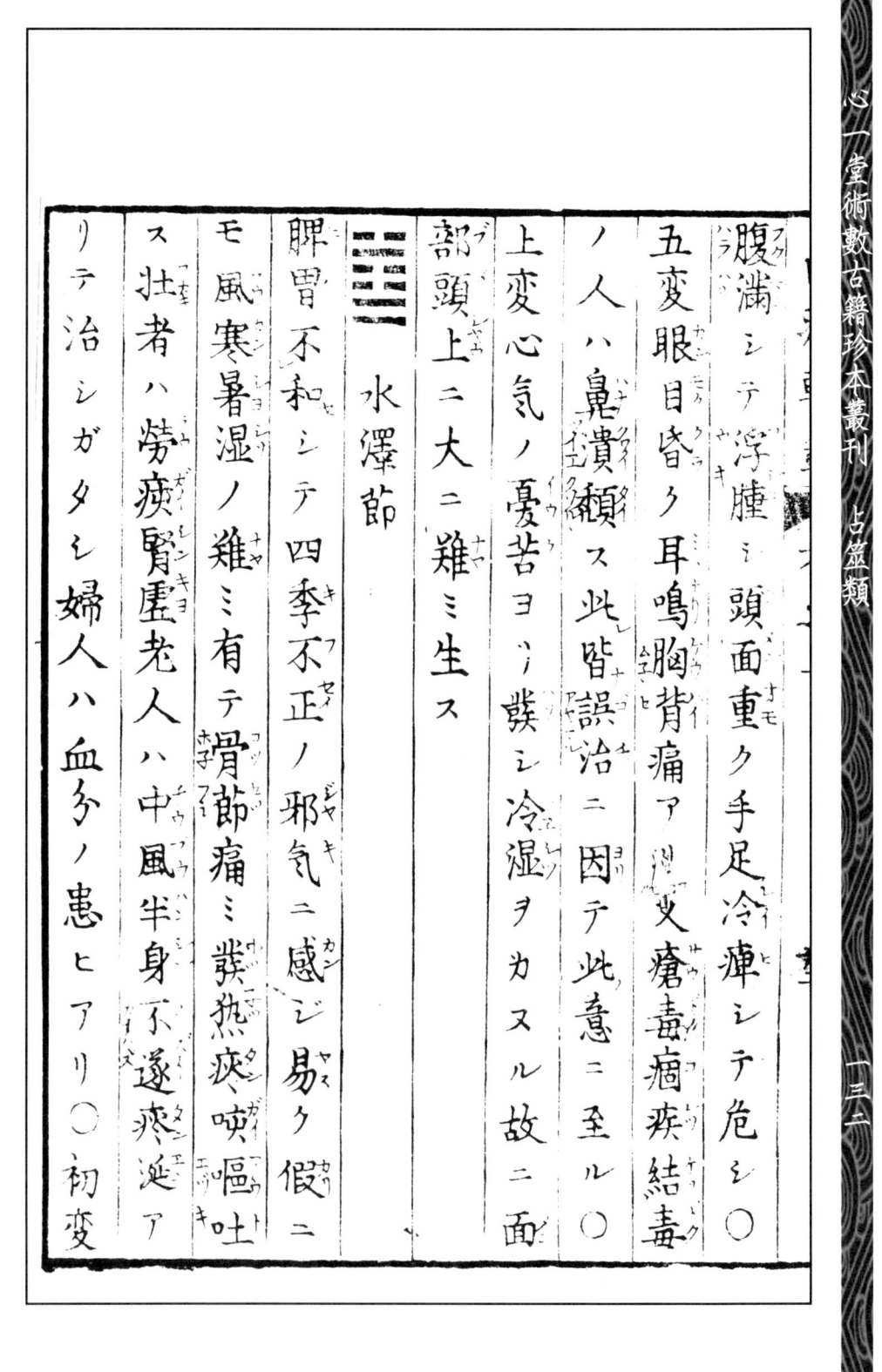

脾胃不和シテ四季不正ノ邪気ニ感ジ易ク假ニモ風寒暑湿ノ難ミ有テ骨節痛ミ発熱痰咳嘔吐ス壮者ハ労瘵腎虚老人ハ中風半身不遂痰涎アリテ治シガタシ婦人ハ血分ノ患ヒアリ○初変

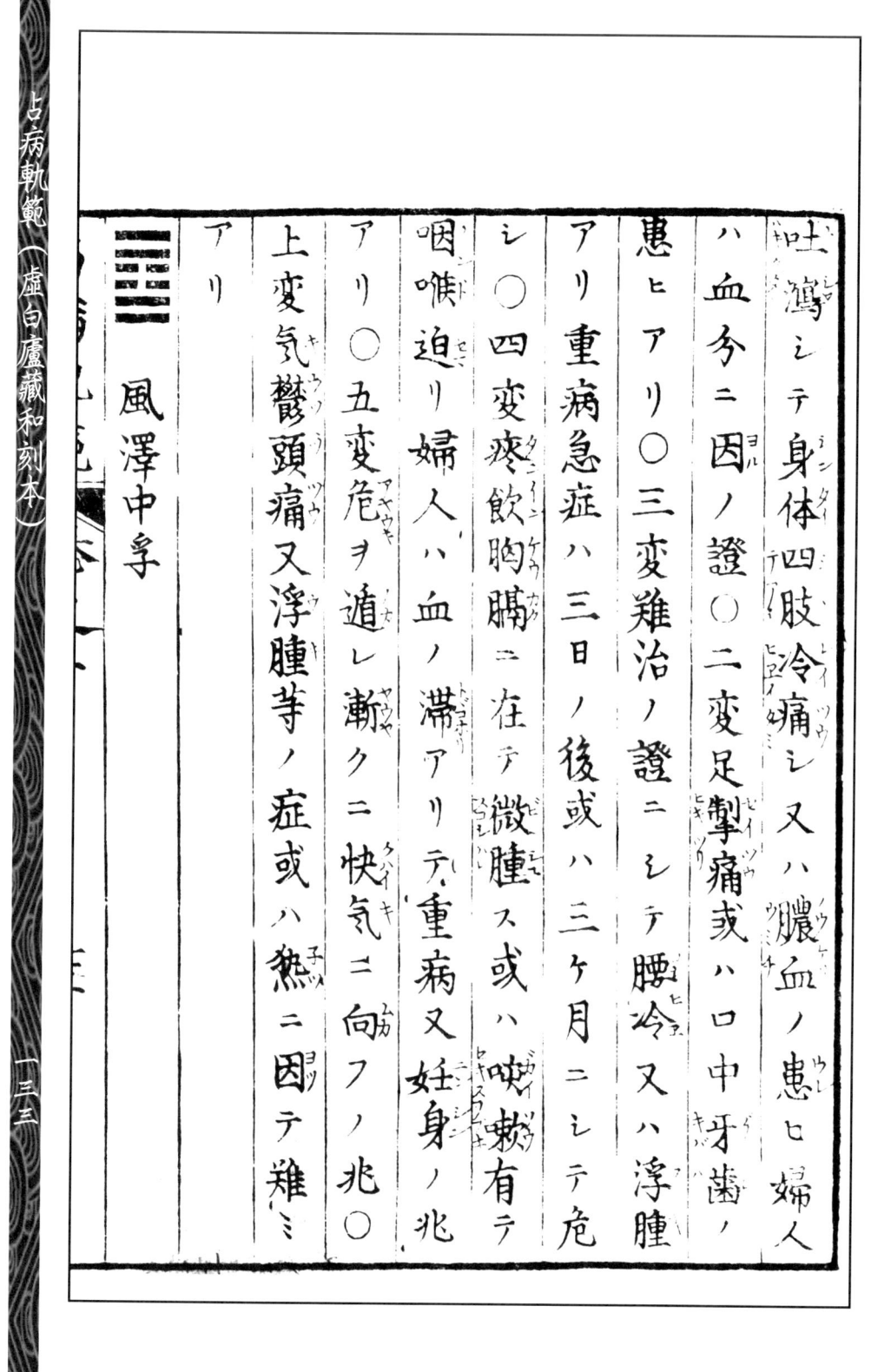

吐瀉シテ身体四肢冷痛シ又ハ膿血ノ患ヒ婦人
ハ血分ニ因ノ證○二変足掣痛或ハ口中牙歯ノ
患ヒアリ○三変難治ノ證ニシテ腰冷又ハ浮腫
アリ重病急症ハ三日ノ後或ハ三ケ月ニシテ危
シ○四変痰飲胸膈ニ在テ微腫ス或ハ咳嗽有テ
咽喉迫リ婦人ハ血ノ滞アリテ重病又妊身ノ兆
アリ○五変危ヲ遁レ漸クニ快気ニ向フノ兆○
上変気鬱頭痛又浮腫等ノ症或ハ熱ニ因テ難ミ
アリ

䷼ 風澤中孚

留飲痰溢ノ症或ハ腹雷鳴シテ時々腹脹ス是虚
分ノ證ナリ婦人ハ懐妊又血塊レ内ニ悪水蓄
積スル故ナリ又食物ノ留滞ニ邪氣ヲカヌル故
熱ノ往来アリテ身麻痺ノ如クメ微腫アリ婦人
ハ大凶兆難治男子ハ易痊○初変自汗或ハ盗汗
或ハ泄瀉コレ湿氣ヲカヌルノ症ニシテ足ニ痛
ミアリ又腹ニ難ミアルベシ○二変肝經ニ屬シ
テ病積氣アリテ身体四支ニ拘急アリ○三変腰
冷痛ミ大便硬ク浮腫シテ首ヲメグリテ痛アリ
危フカルベシ○四変心氣鬱結シテ積聚腹満ア

リテ痛ム婦人ハ血塊瘀血ノ患アリ或ハ勞症氣
疾ノ類ニシテ長病ナルベシ必危篤ニ近シ○五
変胸背ノ痛ミ或ハ痃癖ノ患是内傷氣虚小兒ハ
脾胃ノ虚タリ○上変骨節疼痛或ハ悪寒アリテ
又咳嗽ノ患アリ病不輕然𪜈痼疾瘡毒ノ類ハ急
変ナシ治ヲ誤レハ死症ニ至ル。

䷽　雷山小過

肝氣亢リ脾氣衰ヘ遂ニ積聚トナリ腹中塊物ヲ
生シ痛ヲナス又手足拘攣シ心氣鬱結苦煩シ
テ時々痛ミ發作時アリ此ノ症長病ナルベシ舊

病痼痃凝結シテナスノ症婦人ハ血塊血積也○
初変瘀熱アリテ口苦ク飲食味ナク小便赤ク大
便硬ク是急ニ不治ハ危キニ至ル○二変風邪ニ
依リテ足筋痛ミ急ニ不治ハ危キニ至ル積氣宿
疾ノ類ハ危シトセズ○三変積氣心下ニ攻上シ
テ軽キニ似テ唯腹氣無力故ニ急ニ難治婦人経
行ノ滞アルモノ少シ通氣アルベシ○四変心下
右ノ方ニ拒ミアリ氣血循環セズシテ四支痿痺
シテ長病軽症ニアラズ○五変痰咳アリテ咽喉
不利胸中不爽トイヘ𪜈昼ハ安クシテ夜寝テ不

安静〇上変逆上頭痛眼赤脉ヲ帯ビ痛痒アリ
本心氣ノ勞アリテ危キニ至ル治療怠ルベカラズ

䷾ 水火既濟

心腎二臓ノ虚是色慾過度メ發スル症ニシテ頭
重ク腰脉痿弱ニシテ眼渋リ下血等ノ患婦人ハ
経水不順ニシテ陰陽両虚ノ症或ハ妊娠又流産
ノ兆又四時感冒ノ症ヲカ子軽ニ似テ不軽〇初
変脾腎ノ虚ニ湿氣ヲカ子腰足痺痛シ下焦冷テ
急ニ薬効ナシ〇二変痰或ハ浮腫ノ患大便秘メ
小便不利者ハ危シ〇三変足拘攣疼痛ス又肝

壮ニシテ鬱塞ノ症○四変爽火アリテ腹満ス醫
ヲカヘテ四日ヲ過テ薬効アルヘシ○五変脾腎
ノ虚ニ湿気カヌル故瘡腫結毒ノ類ヲ發ス○上
変逆上シテ頭痛強ク因テ心火動テ病危キニ至
ル蓋シ二五上ノ変ハ危篤ニ至ル

䷿ 火水未濟

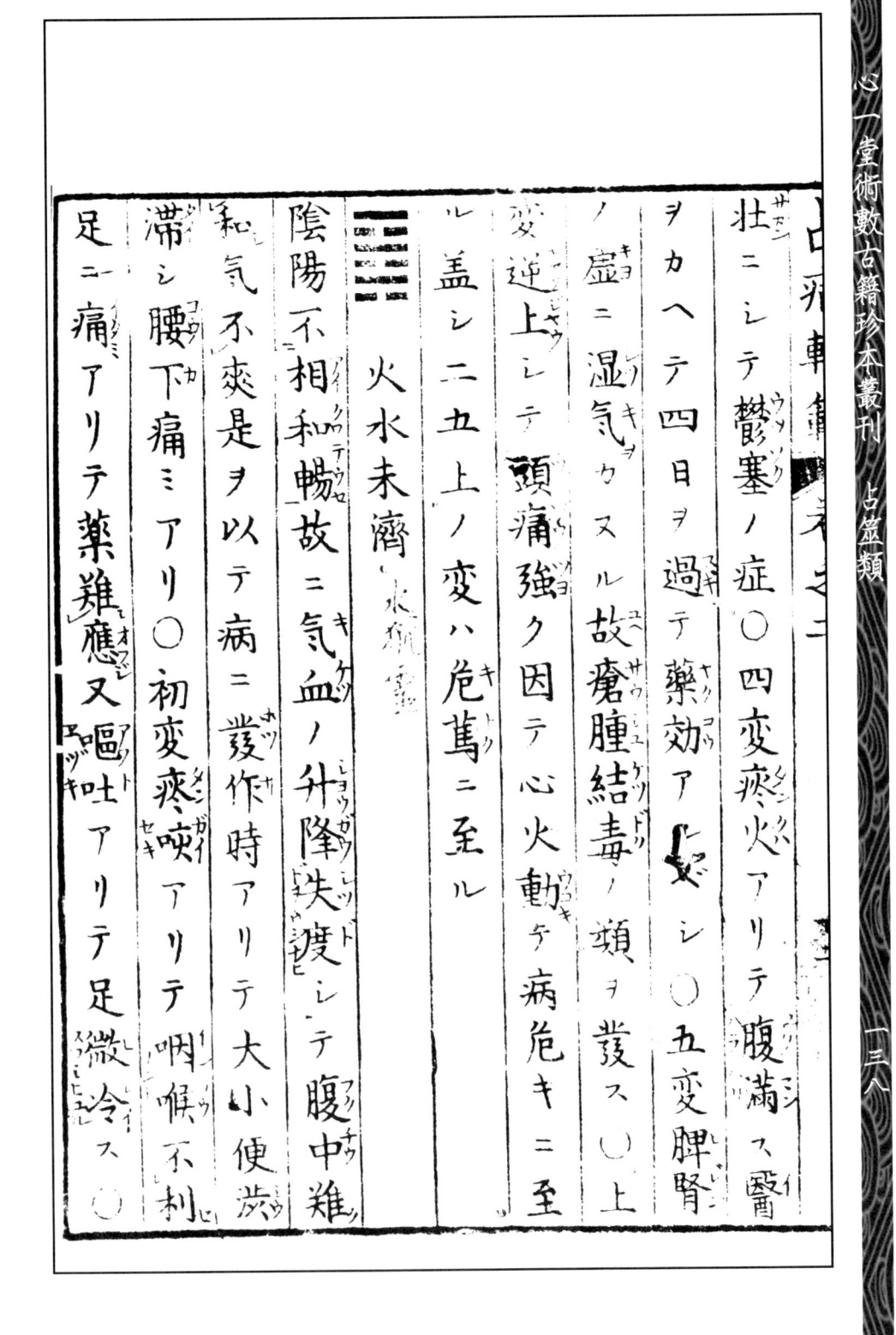

陰陽不相和暢故ニ気血ノ升降失度シテ腹中難
和気不爽是ヲ以テ病ニ發作時アリテ大小便渋
滞シ腰下痛ミアリ○初変爽咳アリテ咽喉不利
足ニ痛アリテ薬難應又嘔吐アリテ足微冷ス○

〇治二十二
陰養生せさる
毒産の
而毒早く
治ニ稍術外

二変壮熱シテ上衝シ時疫温病夏時ハ霍乱ノ症
足痿痺シ或ハ身ニ斑点ヲナシ或ハ瘡毒ノ患ニ
アルベシ〇三変風湿ノ気ヲ含ミ身体懈惰シテ
股及ビ膝等攣急シテ痛ム翳ヲ転シテ吉〇四変
眼目昏ク耳鳴又瘡毒ノ症ヲ発スベシ〇五変寒
熱往来アリテ痰喘ニヨリ胸満痞塞等ノ患アル
ベシ〇上変身体懈惰骨節四支攣痛シ又頭痛等
ヲカ子患フ病軽キニ似タレ𪜈急ニ不施治トキハ
終ニ危症トナルベシ

占病軌範卷之二大尾

跋

書曰惟天地萬物父母惟人萬物之靈然則萬物莫貴於人矣生則受氣乾成形坤死則竟歸天體歸地

是皆莫非易之理也生活
死沒亦非易無知嗚呼易
之妙用廣大哉今此篇詳
卦義精爻象以要占疾病
治不治吾家大人欲使初

學之徒易占疾病死活述之者也浅學之徒熟覽此書而斷死生吉凶則毫髮無違因題一言於卷尾云
于時文化十又四年丁丑

仲夏日

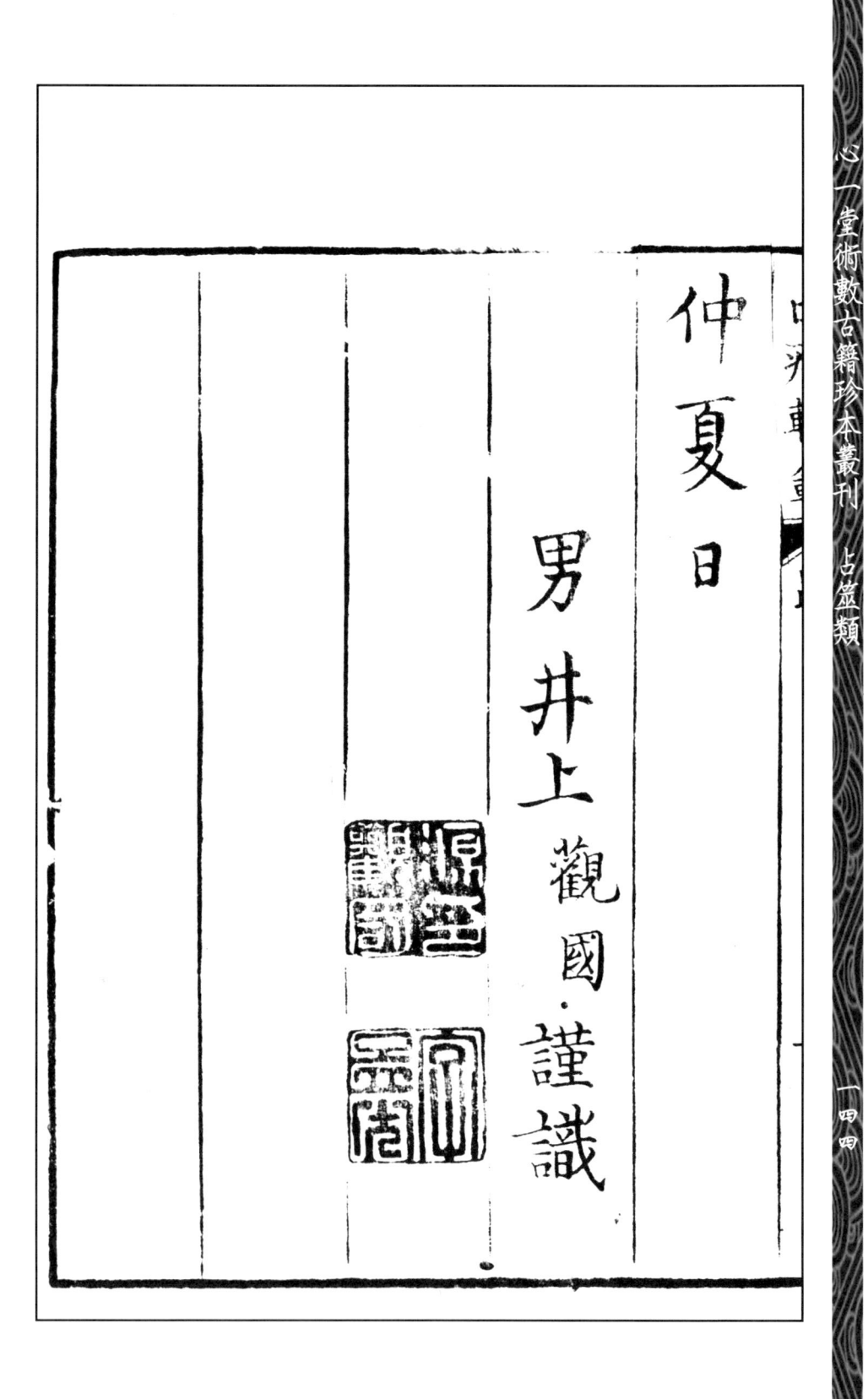

男井上觀國．謹識

占筮類			
1	擲地金聲搜精秘訣	心一堂編	沈氏研易樓藏稀見易占秘鈔本
2	卜易拆字秘傳百日通	心一堂編	
3	易占陽宅六十四卦秘斷	心一堂編	火珠林占陽宅風水秘鈔本
星命類			
4	斗數宣微	【民國】王裁珊	民初最重要斗數著述之一；未刪改本
5	斗數觀測錄	【民國】王裁珊	失傳民初斗數重要著作
6	《地星會源》《斗數綱要》合刊	心一堂編	失傳的第三種飛星斗數
7	《斗數秘鈔》《紫微斗數之捷徑》合刊	心一堂編	珍稀「紫微斗數」舊鈔
8	斗數演例	心一堂編	秘本
9	紫微斗數全書（清初刻原本）	題【宋】陳希夷	斗數全書本來面目；有別於錯誤極多的坊本
10－12	鐵板神數（清刻足本）——附秘鈔密碼表	題【宋】邵雍	無錯漏原版 秘鈔密碼表 首次公開！
13－15	蠢子數纏度	題【宋】邵雍	蠢子數連密碼表 打破數百年秘傳 首次公開！
16－19	皇極數	題【宋】邵雍	清鈔孤本附起例及完整密碼表 研究神數必讀！
20－21	邵夫子先天神數	題【宋】邵雍	附手鈔密碼表 研究神數必讀！
22	八刻分經定數（密碼表）	題【宋】邵雍	皇極數另一版本；附手鈔密碼表
23	新命理探原	【民國】袁樹珊	子平命理必讀教科書！
24－25	袁氏命譜	【民國】袁樹珊	
26	韋氏命學講義	【民國】韋千里	民初二大命理家南袁北韋
27	千里命稿	【民國】韋千里	
28	精選命理約言	【民國】韋千里	北韋之命理經典
29	滴天髓闡微——附李雨田命理初學捷徑	【民國】袁樹珊、李雨田	命理經典未刪改足本
30	段氏白話命學綱要	【民國】段方	民初命理經典最淺白易懂
31	命理用神精華	【民國】王心田	學命理者之寶鏡

62	地理辨正補註　附　元空秘旨　天元五歌　玄空精髓　心法秘訣等數種合刊	【民國】胡仲言	貫通易理、巒頭、三元、三合、天星、中醫
63	地理辨正自解	【清】李思白	公開玄空家「分率尺、工部尺、量天尺」之秘
64	許氏地理辨正釋義	【民國】許錦灝	民國易學名家黃元炳力薦
65	地理辨正天玉經內傳要訣圖解	【清】程懷榮	秘訣一語道破，圖文并茂
66	謝氏地理書	【民國】謝復	玄空體用兼備、深入淺出
67	論山水元運易理斷驗、三元氣運說附紫白訣等五種合刊	【宋】吳景鸞等	失傳古本《玄空秘旨》《紫白訣》
68	星卦奧義圖訣	【清】施安仁	
69	三元地學秘傳	【清】何文源	
70	三元玄空挨星四十八局圖說	心一堂編	三元玄空門內秘笈　清鈔孤本 過去均為必須守秘不能公開秘密 與今天流行飛星法不同
71	三元挨星秘訣仙傳	心一堂編	
72	三元地理正傳	心一堂編	
73	三元天心正運	心一堂編	
74	元空紫白陽宅秘旨	心一堂編	
75	玄空挨星秘圖　附　堪輿指迷	心一堂編	
76	姚氏地理辨正圖說　附　地理九星并挨星真訣全圖　秘傳河圖精義等數種合刊	【清】姚文田等	
77	元空法鑑批點本——附　法鑑口授訣要、秘傳玄空三鑑奧義匯鈔　合刊	【清】曾懷玉等	蓮池心法　玄空六法門內秘鈔本首次公開
78	元空法鑑心法	【清】曾懷玉等	
79	曾懷玉增批蔣徒傳天玉經補註【新修訂版原（彩）色本】	【清】項木林、曾懷玉	
80	地理學新義	【民國】俞仁宇撰	
81	地理辨正揭隱（足本）　附連城派秘鈔口訣	【民國】王邈達	揭開連城派風水之秘
82	趙連城傳地理秘訣附雪庵和尚字字金	【明】趙連城	
83	趙連城秘傳楊公地理真訣	【明】趙連城	
84	地理法門全書	仗溪子、芝罘子	巒頭風水，內容簡核、深入淺出
85	地理方外別傳	【清】熙齋上人	巒頭形勢、「望氣」「鑑神」
86	地理輯要	【清】余鵬	集地理經典之精要
87	地理秘珍	【清】錫九氏	巒頭、三合天星，圖文並茂
88	《羅經舉要》附《附三合天機秘訣》	【清】賈長吉	清鈔孤本羅經、三合訣法圖解
89-90	嚴陵張九儀增釋地理琢玉斧巒	【清】張九儀	清初三合風水名家張九儀經典清刻原本！

91	地學形勢摘要	心一堂編	形家秘鈔珍本
92	《平洋地理入門》《巒頭圖解》合刊	【清】盧崇台	平洋水法、形家秘本
93	《鑒水極玄經》《秘授水法》合刊	【唐】司馬頭陀、【清】鮑湘襟	千古之秘，不可妄傳匪人
94	平洋地理闡秘	心一堂編	雲間三元平洋形法秘鈔珍本
95	地經圖說	【清】余九皋	形勢理氣、精繪圖文
96	司馬頭陀地鉗	【唐】司馬頭陀	流傳極稀《地鉗》
97	欽天監地理醒世切要辨論	【清】欽天監	公開清代皇室御用風水真本
三式類			
98－99	大六壬尋源二種	【清】張純照	六壬入門、占課指南
100	六壬教科六壬鑰	【民國】蔣問天	由淺入深，首尾悉備
101	壬課總訣	心一堂編	過去術家不外傳的珍稀六壬術秘鈔本
102	六壬秘斷	心一堂編	
103	大六壬類闡	心一堂編	
104	六壬秘笈——韋千里占卜講義	【民國】韋千里	六壬入門必備
105	壬學述古	【民國】曹仁麟	依法占之，「無不神驗」
106	奇門揭要	心一堂編	集「法奇門」、「術奇門」精要
107	奇門行軍要略	【清】劉文瀾	條理清晰、簡明易用
108	奇門大宗直旨	劉毗	天下孤本　首次公開
109	奇門三奇干支神應	馮繼明	虛白廬藏本《秘藏遁甲天機》
110	奇門仙機	題【漢】張子房	奇門不傳之秘　應驗如神
111	奇門心法秘纂	題【漢】韓信（淮陰侯）	
112	奇門廬中闡秘	題【三國】諸葛武侯註	
選擇類			
113－114	儀度六壬選日要訣	【清】張九儀	清初三合風水名家張九儀擇日秘傳
115	天元選擇辨正	【清】一園主人	釋蔣大鴻天元選擇法
其他類			
116	述卜筮星相學	【民國】袁樹珊	民初二大命理家南袁北韋
117－120	中國歷代卜人傳	【民國】袁樹珊	南袁之術數經典

占筮類			
121	卜易指南(二種)	【清】張孝宜	民國經典，補《增刪卜易》之不足
122	未來先知秘術——文王神課	【民國】張了凡	內容淺白、言簡意賅、條理分明
星命類			
123	人的運氣	汪季高(雙桐館主)	五六十年香港報章專欄結集！
124	命理尋源	【民國】徐樂吾	民國三大子平命理家徐樂吾必讀經典！
125	訂正滴天髓徵義		
126	滴天髓補註 附 子平一得		
127	窮通寶鑑評註 附 增補月談賦 四書子平		
128	古今名人命鑑	馮一、心一堂術數古籍整理編校小組 整理	明刊孤本 首次公開！
129–130	紫微斗數捷覽(明刊孤本)[原(彩)色本] 附 點校本 (上)(下)		
131	命學金聲	【民國】黃雲樵	民國名人八字、六壬奇門推命
132	命數叢譚	【民國】張雲溪	子平斗數共通、百多民國名人命例
133	定命錄	【民國】張一蟠	民國名人八十三命例詳細生平
134	《子平命術要訣》《知命篇》合刊	撰【民國】鄒文耀、【民國】胡仲言	《子平命術要訣》科學命理；《知命篇》易理皇極、命理地理、奇門六壬互通
135	科學方式命理學	閻德潤博士	匯通八字、中醫、科學原理！
136	八字提要	韋千里	民國三大子平命理家韋千里必讀經典！
137	子平實驗錄	【民國】孟耐園	作者四十多年經驗 占卜奇靈 名震全國！
138	民國偉人星命錄	【民國】囂囂子	幾乎包括所民初總統及國務總理八字！
139	千里命鈔	韋千里	失傳民初三大命理家-韋千里 代表作
140	斗數命理新篇	張開卷	現代流行的「紫微斗數」內容及形式上深受本書影響
141	哲理電氣命數學——子平部	【民國】彭仕勛	命局按三等九級格局、不同術數互通借用
142	《人鑑——命理存驗·命理擷要》(原版足本)附《林庚白家傳》	【民國】林庚白	傳統子平學修正及革新、大量名人名例
143	《命學苑苑刊——新命》(第一集)附《名造評案》《名造類編》等	【民國】林庚白、張一蟠等撰	史上首個以「唯物史觀」來革新子平命學結集
相術類			
144	中西相人探原	【民國】袁樹珊	按人生百歲，所行部位，分類詳載
145	新相術	【美國】字拉克福原著、【民國】沈有乾編譯	通過觀察人的面相身形、色澤舉止等，得知性情、能力、習慣、優缺點等
146	骨相學	【民國】風萍生編著	結合醫學中生理及心理學，影響近代西、日、中相術深遠
147	人心觀破術 附運命與天稟	【日本】管原如庵、加藤孤雁原著，【民國】唐真如譯	觀破人心、運命與天稟的奧妙

148	《人相學之新研究》《看相偶述》合刊	盧毅安	集中外大成，無不奇驗；影響近代香港相術名著
149	冰鑑集	【民國】碧湖鷗客	各家相法精華、相術捷徑、圖文並茂附名人照片
150	《現代人相百面觀》《相人新法》合刊	【民國】吳道子輯	失傳民初相學經典二種　重現人間！
151	性相論	【民國】余晉龢	民初北平公安局專論相學與犯罪專著（犯罪學生物學派）
152	《相法講義》《相理秘旨》合刊	韋千里、孟瘦梅	命理學大家韋千里經典、傳統相術秘籍精華
153	《掌形哲學》附《世界名人掌形》《小傳》	【民國】余萍客	圖文并茂、附歐美名人掌形圖及生平簡介
154	觀察術	【民國】吳貴長	可補充傳統相術之不足
堪輿類			
155	羅經消納正宗	【明】沈昇撰、【明】史自成、丁孟章合纂	失傳四庫存目珍稀風水古籍
156	風水正原	【清】余天藻	●積德為求地之本，形家必讀！ ●純宗形家，與清代欽天監地理風水主張大致相同
157	安溪地話（風水正原二集）		
158	《蔣子挨星圖》附《玉鑰匙》	傳【清】蔣大鴻等	窺知無常派章仲山一脈真傳奧秘
159	樓宇寶鑑	吳師青	陽宅風水必讀、現代城市樓宇風水看法改革
160	《香港山脈形勢論》《如何應用日景羅經》合刊		香港風水山脈形勢專著
161	三元真諦稿本——讀地理辨正指南	【民國】王元極	被譽為蔣大鴻、章仲山後第一人內容直接了當，盡揭三元玄空家之秘
162	三元陽宅萃篇		
163	王元極增批地理冰海　附批點原本地理冰海	【清】高守中【民國】王元極	
164	地理辨正發微	【清】唐南雅	極之清楚明白，披肝露膽
165-167	增廣沈氏玄空學　附　仲山宅斷秘繪稿本三種、自得齋地理叢說稿鈔本（上）（中）（下）	【清】沈竹礽	玄空必讀經典！附《仲山宅斷》幾種鈔本及批點本，畫龍點晴、披肝露膽，道中刊印本未點破的秘訣
168-169	巒頭指迷（上）（下）	【清】尹貞夫原著、【民國】何廷珊增訂、批注	圖文并茂：龍、砂、穴、水、星辰九十九變
170-171	三元地理真傳（兩種）（上）（下）	【清】趙文鳴	泄漏天機：蔣大鴻、賴布衣挨星秘訣及用法
172	三元宅墓圖　附　家傳秘冊		蔣大鴻嫡派真傳張仲馨一脈二十種家傳秘本、宅墓案例三十八圖，並附天星擇日
173	宅運撮要	【民國】尤惜陰（演本法師）、榮柏雲	撮三集《宅運新案》之精要
174	章仲山秘傳玄空斷驗筆記　附　章仲山斷宅圖註	【清】章仲山傳、【清】唐鷺亭纂	無常派玄空不外傳秘中秘！二宅實例有斷驗及改造內容
175	汪氏地理辨正發微　附　地理辨正真本	【清】蔣大鴻、姜垚原著、【清】汪云吾發微	蔣大鴻嫡派張仲馨一脈三元理、法、訣具體泄露
176	蔣大鴻家傳歸厚錄汪氏圖解	【清】蔣大鴻、【清】汪云吾圖解	三百年來最佳《地理辦正》註解！石破天驚！
177	蔣大鴻嫡傳三元地理秘書十一種批注	【清】蔣大鴻原著、【清】汪云吾、【清】劉樂山註	

178	《星氣（卦）通義（蔣大鴻秘本四十八局圖并打劫法）》《天驚秘訣》合刊	題【清】蔣大鴻　著	江西興國真傳三元風水秘本
179	蔣大鴻嫡傳天心相宅秘訣全圖附陽宅指南等秘書五種	【清】蔣大鴻編訂、【清】汪云吾、劉樂山註	蔣大鴻徒張仲馨秘傳陽宅風水「教科書」！
180	家傳三元地理秘書十三種		真天宮之秘　千金不易之寶
181	章仲山門內秘傳《堪輿奇書》附《天心正運》	【清】章仲山傳、【清】華湛恩	直洩無常派章仲山玄空風水不傳之秘
182	《挨星金口訣》、《王元極增批補圖七十二葬法訂本》合刊	[民國]王元極	秘中秘——玄空挨星真訣公開！字字千金！
183-184	《家傳三元古今名墓圖集附謝氏水鉗》《蔣氏三元名墓圖集》合刊（上）（下）	（清）孫景堂，劉樂山，張稼夫	蔣大鴻嫡傳風水宅案、幕講師、蔣大鴻、姜垚等名家多個實例，破禁公開！
185-186	《山洋指迷》足本兩種　附《尋龍歌》（上）（下）	【明】周景一	風水巒頭形家必讀《山洋指迷》足本！
187-196	蔣大鴻嫡傳水龍經注解　附　虛白廬藏珍本水龍經四種（1-10）	【清】蔣大鴻編訂、【清】楊臥雲、汪云吾、劉樂山註	蔣大鴻嫡傳一脈授徒秘笈　希世之寶 千年以來，師師相授之秘旨，破禁公開！ 完整了解蔣氏嫡派真傳一脈三元理、法、訣！ 附已知最古《水龍經》鈔本等五種稀見《水龍經》
197	批注地理辨正直解	【清】章仲山	無常派玄空必讀經典未刪改本！
198	《天元五歌闡義》附《元空秘旨》（清刻原本）		
199	心眼指要（清刻原本）		
200	華氏天心正運	【清】華湛恩	失傳姚銘三玄空經典重現人間！名家：沈竹礽、王元極推薦！
201-202	批注地理辨正再辨直解合編（上）（下）	【清】蔣大鴻原著、【清】姚銘三再註、【清】章仲山直解	
203	章仲山注《玄機賦》《元空秘旨》附《口訣中秘訣》《因象求義》等九種合刊	【清】章仲山	近三百年來首次公開！章仲山無常派玄空秘密，和盤托出！章仲山注《玄機賦》及章仲山原傳之口訣及筆記
204	章仲山門內真傳《三元九運挨星篇》《運用篇》《挨星定局篇》《口訣篇》等合刊	【清】章仲山、柯遠峰等	
205	章仲山門內真傳《大玄空秘圖訣》《天驚訣》《飛星要訣》《九星斷略》《得益錄》等合刊	【清】章仲山、冬園子等	
206	撼龍經真義	吳師青註	近代香港名家吳師青必讀經典
207	章仲山嫡傳《翻卦挨星圖》《秘鈔元空秘旨》附《秘鈔天元五歌闡義》	【清】章仲山傳、【清】王介如輯撰	透露章仲山家傳玄空嫡傳學習次弟及關鍵不傳之秘
208	章仲山嫡傳秘鈔《秘圖》《節錄心眼指要》合刊		
209	《談氏三元地理大玄空實驗》附《談養吾秘稿奇門占驗》	【民國】談養吾撰	史上首次公開「無常派」下卦起星等挨星秘密之書
210	《談氏三元地理濟世淺言》附《打開一條生路》		了解談氏入世的易學卦德爻象思想
211-215	《地理辨正集註》附《六法金鎖秘》《巒頭指迷真詮》《作法雜綴》等（1-5）	【清】尋緣居士	集《地理辨正》一百零八家註解大成精華 匯巒頭及蔣氏、六法、無常、湘楚等秘本 史上最大篇幅的《地理辨正》註解
216	三元大玄空地理二宅實驗（足本修正版）	【民國】尤惜陰（演本法師）、榮柏雲撰	三元玄空無常派必讀經典足本修正版

217	蔣徒呂相烈傳《幕講度針》附《元空秘斷》《陰陽法竅》《挨星作用》	【清】呂相烈	蔣大鴻門人呂相烈三元秘本 三百年來首次破禁公開！
218	挨星撮要(蔣徒呂相烈傳)		
219－221	《沈氏玄空挨星圖》《沈註章仲山宅斷未定稿》《沈氏玄空學(四卷原本)》合刊(上中下)	【清】沈竹礽 等	揭開沈氏玄空挨星五行吉凶斷的變化及不同用法 章仲山宅斷未刪本、沈氏玄空學原本佚文、玄空挨星圖稿鈔本 大公開！
222	地理穿透真傳(虛白盧藏清初刻原本)	【清】張九儀	三合天星家宗師張九儀畢生地學精華結集
223－224	地理元合會通二種(上)(下)	【清】姚炳奎	分發兩家(三元、三合)之秘，會通其用 詳解注羅盤(蔣盤、賴盤)；義理、斷驗俱精
其他類			
225	天運占星學 附 商業周期、股市粹言	吳師青	天星預測股市，神準經典
226	易元會運	馬翰如	《皇極經世》配卦以推演世運與國運
三式類			
227	大六壬指南(清初木刻五卷足本)		六壬學占驗課案必讀經典海內善本
228－229	甲遁真授秘集(批注本)(上)(下)	【清】薛鳳祚	明清皇家欽天監秘傳奇門遁甲 奇門、易經、皇極經世結合經典
230	奇門詮正	【民國】曹仁麟	簡易、明白、實用，無師自通！
231	大六壬探源	【民國】袁樹珊	民初三大命理家袁樹研究六壬四十餘年代表作
232	遁甲釋要		推衍遁甲、易學、洛書九宮大義！
233	《六壬卦課》《河洛數釋》《演玄》合刊	【民國】徐昂	疏理六壬、河洛數、太玄隱義！
234	六壬指南(【民國】黃企喬)	【民國】黃企喬	失傳經典 大量實例
選擇類			
235	王元極校補天元選擇辨正	原【清】謝少暉輯、【民國】王元極校補	三元地理天星選日必讀
236	王元極選擇辨真全書 附 秘鈔風水選擇訣	【民國】王元極	王元極天昌館選擇之要旨
237	蔣大鴻嫡傳天星選擇秘書注解三種	【清】蔣大鴻編訂、【清】楊臥雲、汪云吾、劉樂山註	蔣大鴻陰陽二宅天星擇日日課案例！
238	增補選吉探源	【民國】袁樹珊	按表檢查，按圖索驥：簡易、實用！
239	《八風考略》《九宮撰略》《九宮考辨》合刊	沈瓞民	會通沈氏玄空飛星立極、配卦深義
其他類			
240	《中國原子哲學》附《易世》《易命》	馬翰如	國運、世運的推演及預言